Robert Schmiemann

Roberts Schmunzelgeschichten

Vom Bauernhof in Twenhusen nach Kanada und durch das Universum zu den Göttern

Robert Schmiemann

Roberts Schmunzelgeschichten

Vom Bauernhof in Twenhusen nach Kanada und durch das Universum zu den „Göttern“

Rediroma-Verlag

Bibliografische Information der Deutschen Nationalbibliothek:
Die Deutsche Nationalbibliothek verzeichnet diese Publikation in der Deutschen Nationalbibliografie; detaillierte bibliografische Daten sind im Internet über http://portal.dnb.de abrufbar.

ISBN 978-3-98885-271-7

Umschlagillustration: Robert Schmiemann

www.rediroma-verlag.de
12,95 Euro (D)

Inhalt

Kapitel 1

Mit vierzehn Geschwistern auf unserem Bauernhof

Als dreizehntes Kind der Bauersleute Gustav und Maria Schmiemann kam ich 1939 in Twenhusen, eine von mehreren Bauerschaften um den Zentralort Recke im nördlichen Münsterland, in diese Welt.

Unsere Bauerschaft bestand aus etwa zwanzig Bauernhöfen, einem Kolonialwarengeschäft mit angeschlossener Kneipe, einem Schuster mit Kramladen, einer Kornmühle und Sägewerk sowie einer Minischule. Wichtig war auch der Holzkenmaker (Holzschuhmacher) mit einer kleinen Werkstatt auf einem Bauernhof. Ein anderer tüchtiger Twenhuser hatte ein Bauunternehmen gegründet, das auch zur Erhaltung der teilweise recht alten Gebäude auf den Höfen dienlich war. Obendrein hatten wir in der Bauerschaft sogar unseren eigenen „Clochard“, nämlich Dicke Willm. Für uns Kinder war es sozusagen paradiesisch, weil wir nämlich stets zum Spielen auf allen Höfen rundum wohlwollend geduldet wurden; auch in Scheunen, Remisen und selbst in den Stallungen. Tore und Türen waren nie verschlossen, also gab es dort für uns auch immer unglaublich viel Interessantes und Erstaunliches zu entdecken.

Unsere große Familie mit vierzehn Kindern konnte damals wohl nur mit viel Liebe und Disziplin in Würde auf dem platten Lande leben, ohne Ansehen zu verlieren und sozial abzugleiten. Das war auch nur auf einem Bauernhof möglich, weil viele Kinder einen angemessenen Platz zum Spielen sowie viel Nahrung brauchen. Nach der Geburt unseres Jüngsten, Reinhold, waren wir 1941 vierzehn Kinder.

Kleidung konnte teilweise von Kind zu Kind vererbt werden und zusätzlich kam noch eine Nähfrau, Tante Guste, die im sogenannten „Armenhaus“ in unserem 4 km entfernten Dorf wohnte, gelegentlich zu uns.

Außerdem war der Dorfschneider mit uns verwandt und änderte manchmal zu günstigen Bedingungen Kleidung für uns Kinder um, aber nur gegen Abend, wenn seine Konzentration allmählich nachließ. Tagsüber war er meist noch nüchtern und musste für die regulär zahlende Kundschaft schneidern. Meiner Erinnerung nach saß er immer nur im

Schneidersitz auf seiner etwas erhöhten Arbeitsplattform am Fenster seiner Werkstatt im Dorf und meinte deshalb oft verwundert: „Kiek di blos de ganzen Lüe up de Straoten an, äs se kommen en gaoen. Wo willt de bloß alle hin?“

Zur Ernährung der vielen Kinder wurde, zusätzlich zum Hausgarten, noch ein Feldgarten für verschiedene Kohlsorten, Möhren, Stangenbohnen, Steckrüben und sonstige Gemüsearten etwas entfernt vom Hof angelegt.

Die Weiden für Schweine, Schafe und Jungtiere sowie auch die Pferdeweide mussten, bedingt durch den täglichen Wechsel zwischen Stall und Weide, näher am Hof gelegen sein als der Feldgarten. Die Pferde kamen noch zusätzlich in der „None“ (Mittagspause) auf die Pferdeweide.

Der Hausgarten war, anders als der Feldgarten, mit einer hohen Hecke eingefriedet. Mit Buchsbaum eingefasste Gehwege führten an allerlei Beeten für verschiedene Beerensträucher sowie Salat, Kürbis, Gurken, Rhabarber und Erdbeeren vorbei, zu zwei mit Blumen bepflanzten Kreisbeeten auf den Kreuzungspunkten. Wenn ich rückblickend darüber nachdenke, erinnert mich die Anlage des Hausgartens ein wenig an den Grundriss einer Kathedrale. Vielleicht wurde die Gestaltung des Gartens unbewusst durch religionsgeprägtes Ästhetikempfinden beeinflusst.

Die Gehwege wurden sorgsam geharkt, wenn Mama „hohen Besuch“ erwartete, den sie dann auch gerne durch den Garten führte. Das Hofgelände vor dem Haus wurde vor hohen Festtagen auch geharkt, aber im Fischgrätmuster. Der Boden aus feinkörnigem Sand, abgelagert aus den Gletscher-Endmoränen der letzten Eiszeit, war leicht zu harken.

Zunächst reichte unser Hof aus, um alle zu ernähren.

Mit wachsender Kinderzahl waren die älteren Kinder inzwischen groß genug, um kräftig mitzuhelfen, und nach

Abschluss einer landwirtschaftlichen Lehre waren meine Brüder, Hugo und später Heiner, auch in der Lage, den Hof zu führen.

Um zusätzliches Geld zur Verfügung zu haben, wurde Papa dann nebenberuflich Milchkontrolleur und Rinderzucht-Wertschätzer für die Zuchtgenossenschaft Münsterland. Morgens und spätnachmittags zur Melkzeit fuhr er dann mit seinem Koffer, in dem er eine Handwaage, Reagenzgläser und ein Kontrollbuch verwahrte, auf seinem Motorrad zum Stall oder im Sommer zur Kuhweide eines vorher bestimmten Bauern, um den damals noch manuell durchgeführten Melkvorgang zu dokumentieren. Die gemolkene Milch jeder einzelnen Kuh musste er wiegen, eine Probe zur späteren Bestimmung des Milchfettgehaltes entnehmen und in ein Reagenzglas füllen.

Es handelte sich hier um Rinder Zuchtbetriebe, für die Papa die Milchleistung und den geschätzten Zuchtwert der Kühe in das Stallbuch jedes Hofes eintrug. Dazu saß er im Winter, wenn auf den Feldern und Wiesen wenig zu tun war, wochenlang in der Stube am Schreibtisch und errechnete das Jahresendergebnis der Milchleistung, den durchschnittlichen Milchfettgehalt und den notierten Zuchtwert jeder einzelnen Kuh seines Kontrollbezirkes, natürlich noch ohne technische Hilfsmittel.

Das Stallbuch war sehr wichtig, denn der Wert eines Kalbes mit gutem Körperbau von einer Kuh, die mit hoher Milchleistung, gutem Milchfettgehalt und hoher Zuchtwert Schätzung zu Buche stand, konnte sich auf der Zuchtviehversteigerung in Münster leicht verdoppeln oder gar verdreifachen. Wenn es ein Bullenkalb mit besonders gutem Körperbau war, das als Zuchtbulle aufwendig aufgezogen wurde, konnte dann auf der Zuchtviehversteigerung besonders gewinnträchtig verkauft werden.

Die Züchter unserer Bauerschaft kauften gemeinsam einen wertvollen Zuchtbullen, der im Stall eines Bauern stand, der sich dazu bereit erklärt hatte und natürlich Entschädigung dafür erhielt. Jede einzelne brünstige Kuh musste dann zum Decken auf den Hof des Zuchtbullenhalters gebracht werden. Bei uns waren Hugo und später Heiner als potenzielle Hoferben dafür zuständig. Mittels Kuhhalfter und Seil führten sie die jeweilige Kuh zum Hof des Zuchtbullenhalters.

Vereinzelt gab es aber auch Bauern, die vom Nutzen der Züchtung nicht überzeugt waren, wie einer unserer Nachbarn, der meinte: „Wat soll dat brengen, wenn ik een guten Bullen häbben will, dann kiek ik of he een langen Bühl häb.“ Seine rückwärtsgewandte und patriarchalische Einstellung bewies er auch, als er früh morgens mit Pferd und Ackerwagen eine Frau auf der Straße im Dorf anfuhr, sich aber nicht darum kümmerte und später zu seiner Verteidigung meinte: „Wat hat dat Fraumensch auk all so frui moins up de Straoten te doen.“

Später, Anfang der 1950er-Jahre, sollte die Bedeutsamkeit des Stallbuches für die Zuchtbetriebe für mich zu einem Glücksfall werden.

Weil ich gut zeichnen und malen konnte, durfte ich im Auftrag der Zuchtgenossenschaft alle Zuchtkühe und deren Kälber im Kontrollbezirk meines Vaters und darüber hinaus mit Wasserfarbe unverwechselbar in die wichtigen Stallbücher malen, für 1 DM pro Kuh und 50 Pfennig pro Kalb.

Da es viele Zuchtbetriebe gab, sammelte sich bei mir, in Anbetracht der damaligen Verhältnisse, ein Minivermögen an, von dem ich ein Fahrrad mit Dreigangschaltung, Sportlenker sowie erstaunlicherweise damals schon mit Teleskop-

Sattelstütze und sogenannten „unplattbaren“ Reifen kaufen konnte.

Einen Teil des Geldes hatte ich schon vorher benutzt, um einen richtigen Zeichenblock, Zeichenkarton, ein Zeichenfederset und einige andere Malartikel zu kaufen. Das war mir wichtig, denn bisher hatte ich immer nur Bleistifte und ein liniertes Schulheft benutzt, wenn ich etwas skizzieren wollte, und das war häufig der Fall. Vom Kauf eines Fotoapparates konnte ich aber zu der Zeit nur träumen, weil ein solcher Luxusartikel und die professionelle Entwicklung der Foto-Negative noch zu teuer waren. Den Rest des Geldes, natürlich viel zu wenig, habe ich Papa gegeben, als angedeutete Entschädigung für Schulgebühren, Schulbücher und Busfahrten zum fünfzehn Kilometer entfernten Gymnasium, wenn das Wetter im Winter zum Fahrradfahren mal zu schlecht war. Die Bevorzugung, ein Gymnasium besuchen zu dürfen, genoss ich vor allen Geschwistern und auch allen anderen Kindern in unserer Bauerschaft, außer den Kindern unseres Lehrers.

Auch wir hielten als Zuchtbetrieb selbstverständlich Kühe, Kälber, Rinder und Jungbullen. Zudem hatten wir natürlich zwei Pferde und wie fast jeder Bauernhof damals noch Schweine, Schafe, Hühner und manchmal Gänse. Als kleiner Junge waren Schafböcke, Jungbullen und auch Gänse angriffslustige gefährliche Tiere, denen man geflissentlich aus dem Weg ging.

Ich selbst hatte meine eigenen Tiere in meinem privaten Zoo im geräumigen Torfschuppen, der während des Sommers, vor dem Einfahren des neu gestochenen und getrockneten Torfes im Herbst immer fast leer war und sich dann bei regnerischem Wetter fabelhaft zum Spielen anbot.

Es waren keine ganz richtigen Tiere, sondern eigentlich nur alte verwitterte knorrige Wurzelstöcke, von denen aber jeder einem bestimmten wilden Tier sehr ähnlichsah, was für mich auch klar erkennbar war. Sie bewegten sich auch, wenn ich mittels Seil daran zog. Besonders wenn ich ruckartig daran zog, konnten sie ganz wild und somit natürlich auch gefährlich werden.

Wenn es im Sommer auf den Feldern und Wiesen mal weniger zu tun gab und das Wetter sonnig war, wurde im Recker-Moor der Torf zum Heizen im Winter gestochen. Das war immer ein besonderes Ereignis.

Die Moorlandschaft kam mir vor wie eine andere Welt. Der Boden unter den Füßen war nicht wie gewohnt sandig fest, sondern eher pflanzlich weich und nachgiebig. Gerüche, Pflanzen und Tierwelt waren auch ganz anders als bei uns in der Bauerschaft Twenhusen. Papa und ältere Geschwister stachen den Torf mit besonderen Torfspaten aus der etwa ein Meter hohen Torfbank in handliche Quader, die wir Kinder dann zum Trocknen luftdurchlässig aufstapeln mussten bzw. durften. Die Stücke aus den unteren Schichten waren dunkel, fast schwarz wie Kohle, und getrocknet heizten sie länger als die braunen aus den oberen Schichten der Torfbank.

Das Einfahren der getrockneten Torfquader im Herbst mit dem langen Ackerwagen war ein weiteres aufregendes Erlebnis. (Die Länge des Ackerwagens ließ sich durch das Einsetzen eines anderen „Baumes" zwischen den Achsen und dem Einlegen anderer Bodenbretter sowie anderer „Seitenbracken" an die „Rungen" verändern.)

Die Torfquader wurden sehr hoch auf den Wagen gestapelt, weil sie leicht waren und die Pferde den Wagen ohne Anstrengung ziehen konnten. Ganz oben aufsitzend, konnten wir Kinder während der Heimfahrt unsere kleine Welt aus einer ganz neuen Perspektive betrachten. Der Torf wurde in unserem Torfschuppen mit einer Durchfahrt zum handlichen Entladen gelagert.

Mit dem Torf heizten wir, zusätzlich zu Brennholz und Kohle, den Ofen in der Stube sowie den sehr großflächigen Herd in unserer großen Küche. Außerdem eigneten sich die hellen Torfstücke aus den oberen Schichten der Torfbank im Moor ausgezeichnet zum Anzünden jedweder Feuerstelle. Bemerkenswert war der imposante „Bosen" (großer Rauchfang) über dem riesigen Küchenherd. Darin hingen nämlich meist Schinken, Speck und Würste von der letzten

Schlachtung, aber auch manchmal Blätter von Tabakpflanzen zum Trocknen.

Kriegswirren

In der Kriegszeit erlebte ich als kleines Kind mein allererstes erinnerbares beklemmendes Ereignis auf dieser Welt, bedingt durch Fliegeralarm in der Nacht.

Mama rannte, mich auf dem Arm tragend, mitsamt der ganzen Familie zu unserem Bunker, nicht weit vom Haus entfernt neben der Schweineweide. Von der Bedrohung durch feindliche Bombenflugzeuge hatte ich noch keine Vorstellung, befürchtete aber ängstlich, dass Mama im Laufen stürzen könnte und dann auf mich fallen würde, wobei zu bedenken war, dass Mama nach so vielen Kindern nicht mehr ganz schlank war.

Im Bunker angekommen war es immer etwas muffig und auch dunkel, bis die Kerzen angezündet waren. Dann wurde gebetet. Allerdings weiß ich nicht mehr, welcher Heilige durch direkte Ansprache im Gebet eigentlich bei Fliegeralarm für uns tätig werden sollte.

Einige wohlvertraute Gebete hatten in meiner kindlich fiktiven Wahrnehmung allegorische Abbilder, in Form von hellen Sandflächen ohne Grasbewuchs, auf der Schweineweide neben dem Bunker. Das Morgengebet war der kleine kahle Bereich direkt hinter der Eingangspforte der Weide, während der längliche Sandfleck in der Mitte sinnbildlich das Vaterunser darstellte, und der größere runde Sandbereich vor dem Bunker bedeutete symbolisch das Rosenkranzgebet. Das Abendgebet war, aus meiner Perspektive kaum noch sichtbar, ganz weit hinten auf der länglichen Wiese positioniert.

Diese hellen Sandbereiche der Weide waren durch Erdbewegungen zum Bau unseres eigenen Bunkers entstanden, den Papa mithilfe meiner älteren Geschwister selbst gebaut hatte. Er hatte darin Erfahrung, da er im Ersten Weltkrieg in der sogenannten „Hölle von Verdun“ als Soldat eingesetzt wurde, dem Ort der brutalsten Schlacht des Ersten Weltkrieges. Dort waren Bunker, wegen des Monate dauernden Geschosshagels, unabdingbar gewesen.

An einer Böschung neben der Weide auf einer begradigten Fläche wurden die Bunkerwände aus Bruchsteinen gemauert. Über die Bruchsteinwände legten sie zwei Lagen dicke Baumstämme als Raumabdeckung und darüber, zur Abdämmung eines eventuellen Bombeneinschlags, zwei Lagen Buschken (Buschken waren mit dem beilähnlichen Buschkenmesser auf Meterlänge geschlagene und dann gebundene Jungbäume, Büsche und Zweige aus den damals noch häufigen Wallhecken, die Felder und Wiesen voneinander trennten und auch als Windschutz dienten). Das ganze Bauwerk wurde zum Abschluss mit Erde abgedeckt, damit es von Piloten feindlicher Flugzeuge als Bauwerk nicht erkennbar war. Eine Bombe ist in unsere Umgegend aber nie abgeworfen worden.

Vom Eingang des Bunkers aus konnten wir im letzten Kriegsjahr einige gefährliche Ereignisse beobachten. Wegen der Dramaturgie ist mir ein Luftkampf zwischen zwei Flugzeugen in Erinnerung geblieben, wobei eines vom anderen abgeschossen wurde und rauchend in unsere Nachbarschaft abstürzte. Wir konnten sogar beobachten, wie der Pilot sich mittels Fallschirm noch retten konnte.

In Erinnerung ist mir auch noch, dass zwei Söhne unseres Nachbarn, die als Soldaten beide gerade Fronturlaub hatten, und leider auch beide noch in den letzten Kriegswochen an der Ostfront gefallen sind, mit ihren Karabinern in Richtung feindliches Flugzeug schossen.

Mama konnte noch mit beiden Armen in Richtung der beiden fahrlässig handelnden Nachbarjungs drohen, bevor sie vor Angst und Sorge fast in Ohnmacht gefallen wäre. Ihr war nicht bewusst, dass der Pilot, aus der Entfernung von oben, die beiden gar nicht sehen konnte und deshalb auch nicht reagierte.

Zum Kriegsende sollte ich aber noch das für mich bedrückendste Kriegsereignis erleben, als britische Soldaten mit angelegten Gewehren auf unseren Hof fuhren und alle im Haus sich mit erhobenen Händen auf dem Hofgelände nebeneinander aufstellen mussten.

Oh Gott, oh Gott! Als streng katholisch erzogener Sechsjähriger dachte ich mit Entsetzen und in verzweifelter Angst, dass die evangelischen Bekannten aus der Stadt, die in den letzten Kriegstagen gerne bei uns wohnten, jetzt erschossen würden. Zudem kämen ihre Seelen als Protestanten ja gar nicht in den Himmel, weil sie ja leider den falschen Glauben hatten, so dachte ich. Man wusste das aber nicht sicher, weil ihre Seelen möglicherweise nur vorher ins Fegefeuer mussten und dann doch noch zum Himmel aufsteigen konnten, wenn die Hinterbliebenen dann auch oft genug für sie beteten und spendeten.

Den Grund des Krieges hatte ich nicht richtig verstanden, weil sich während des Krieges so vieles in meinem geistigen Bezugsrahmen entweder auf den Krieg oder auf die Religion bezog. Also musste es wohl ein Krieg um Religionen sein, so folgerte ich in meiner kindlichen Logik. In dem gerade verlorenen Krieg ging es aber gar nicht um Glaubensrichtungen, wie man mir danach erklärte. Die Religionskriege lägen schon länger zurück.

Für einen Sechsjährigen liegt vorgestern aber auch schon länger zurück.

Keiner wurde erschossen und die britischen Soldaten blieben, nachdem sie zwei ältere Brüder, Franz und Gerd, misstrauisch begutachtet hatten, mehrere Tage bei uns auf dem Hof. Die beiden ältesten Brüder, Hugo und Gustav, die noch zum Wehrdienst einberufen worden waren, befanden sich zu der Zeit schon in kurzer Kriegsgefangenschaft bzw. im Lazarett.

Nachts schliefen die Soldaten bei uns auf der Deele (Tenne), und das war etwas unangenehm für uns, wenn man in der Nacht aufs Klo musste. Unser sogenanntes Plumpsklo war ja auch auf der Deele. Als ich einmal nachts dorthin musste, hatte ich aber keine andere Wahl. Mama hatte mich schon vorher mal beim Pinkeln vom Schlafzimmerfenster aus nach draußen in den Garten erwischt, und es gab viel Ärger. Wir Jungs schliefen nämlich im Anbau des Haupthauses, und der Weg zum Plumsklo auf der Deele führte durch einen langen Flur zum Wohnzimmer, dann durch die große Küche und den Wirtschaftsraum zur Deele. Dort angekommen, fragte mich ein Soldat, den ich durch Licht einschalten aufgeweckt hatte: „Pee and drinking water?“ Ich war bass erstaunt, dass der britische Soldat, nach nur drei Tagen bei uns, schon so gut Plattdeutsch sprach, denn so klang es für mich.

Obwohl das Leben auf unserem Hof schon vorher recht abwechslungsreich war, fand ich diese erzwungene Situation interessant und aufregend. Auch weil die britischen Soldaten sehr nett zu uns waren, obgleich Mama einmal heftig mit ihnen schimpfen musste, als sie sah, dass die einfach Hühnereier aus den Nestern nahmen, ohne vorher zu fragen.

Man kann doch wohl noch den einen oder anderen Krieg verlieren dürfen, ohne hinterher beklaut zu werden!

In der Nachkriegszeit dachten andere Bauern genauso, wenn ehemalige polnische Kriegsgefangene sich aus Not und auch als Entschädigung für erlittene Ungerechtigkeiten gegebenenfalls auf den Höfen selbst bedienten. Sie konnten noch nicht in ihre Heimat zurück, weil die von unserer Wehrmacht zerstört und jetzt von Russland beherrscht wurde.

In einem Falle war es der sonst nette Bauer eines Nachbarhofes, der seine sogenannten „Landschuhe“ am Weg stehen ließ, um barfuß seinen Acker zu eggen und mit der ganzen Familie Kartoffeln nachzulesen. Einer dieser ehemaligen Kriegsgefangenen kam des Weges und nahm die Schuhe mit. Der Bauer bemerkte das und lief laut schimpfend mit der ganzen Familie hinter dem armen Polen her. Mein Bruder, Hugo, der zufällig in der Nähe am Wegesrand mit einer Sense Gras mähte, versperrte den Fluchtweg des Diebes, der daraufhin die Schuhe fallen ließ, auf die Knie sank und mit erhobenen gefalteten Händen laut die heilige Mutter Maria um Hilfe anflehte. Unser Nachbarbauer, auch ein strenggläubiger Katholik, der sonntags in der Kirche den lieben Gott auf Knien um Barmherzigkeit anflehte, rief jedoch unbarmherzig: „Hugo, ... Kopp aff, … Hugo, ... Kopp aff!“

Er hat das sicher nicht wirklich so gemeint. Zweifellos aber hatte die Grausamkeit des Krieges sonst eigentlich gütige Menschen verroht.

Schon bald nach der Kapitulation rief Papa alle Bauern der Nachbarschaft auf unserem Hof zusammen. Dann wurden fremde Menschen, meist Frauen und Kinder, mit einem großen Wagen zu uns gebracht. Es waren aus dem Osten vertriebene Flüchtlinge, die Papa auf die umliegenden Höfe zur längerfristigen Beherbergung verteilen sollte. Das erwies sich aber als eher schwierig, obwohl Papa, wegen seiner nebenberuflichen Tätigkeit als Milchkontrolleur, jeden Hof mit den räumlichen und auch finanziellen Möglichkeiten kannte. Welcher Bauer aber wollte zum Beispiel gerne eine

Kriegswitwe mit zwei Kindern aufnehmen, die wahrscheinlich noch nicht mal Kühe melken konnten?

Aber hier halfen letztendlich doch diskrete Hinweise auf Gottes Wort zur Nächstenliebe und damit verbunden den möglichen späteren ewigen Verbleib der Seele entweder im Himmel, übergangsweise im Fegefeuer oder gar immerwährend in der Hölle, wenn sich wie in manchen Fällen schon vorher einiges angesammelt hatte. Papa kannte sicher seine Pappenheimer und er hat an jenem Tag wohl „in Gottes Namen“ entsprechend verhandelt.

Der Glaube durfte nämlich berechnend sein. Man musste nicht aus Liebe zu Gott fromm sein, sondern jeder Gläubige konnte sich auch berechnend so gerecht verhalten, dass seine Seele mit großer Wahrscheinlichkeit auf ewig in den Himmel komme. Es durften sich aber nicht allzu viele „schwere Sünden“ angesammelt haben, denn trotz des erlösenden „ego te absolvo“ im Beichtstuhl musste die Seele des Sünders dann doch noch vorher ins Fegefeuer, wo es angeblich auch recht humorlos zugehe.

Kriegshelden

Mein ältester Bruder, Hugo, als junger Unteroffizier an der Ostfront ausgezeichnet mit dem Eisernen Kreuz, hatte sich nach einer schweren Verwundung im Gefecht nur retten können, indem er blutend mühsam die Strecke von der Frontlinie zum Lazarett zurücklief, wo sich die Verletzung als Lungendurchschuss erwies. Nach mehrmaligem Wiedererzählen dieser Heldengeschichte wurde die Entfernung vom Verwundungsort zum Lazarett immer größer und irgendwann aufbauschend nur noch mit dem griechischen Marathonlauf gleichgestellt … und das auch noch mit Lungendurchschuss!

Als dann aber, nachdem Hugo aus kurzer Kriegsgefangenschaft zurückgekehrt war, eines Tages unser Tierarzt kam, um die entzündete Klaue einer Kuh zu operieren, musste Hugo das Bein der Kuh mittels Seil in Position halten. Kaum floss ein wenig Eiter und Blut, wurde Hugo ganz blass und kippte ohnmächtig in sich zusammen. Jetzt erlebte ich, dass Kriegshelden nicht hart wie Kruppstahl, zäh wie Leder und flink wie Windhunde sind, wie man damals so oft gehört hatte, sondern ganz vielschichtige menschliche Empfindungen haben.

Mein zweitältester Bruder, Gustav, war natürlich auch ein Kriegsheld für mich. Als er nämlich aus dem Krieg zurückkam, hatte er nur noch einen Arm. Den rechten Arm habe er fürs Vaterland geopfert, hieß es.

Als damals Sechsjähriger konnte ich das eigentlich nicht so recht glauben, weil ich mir einfach nicht vorstellen konnte, wofür das Vaterland Gustavs rechten Arm so dringend gebraucht hatte. Andere sagten, er hätte den Arm im Krieg an der Front verloren. Das konnte schon mal gar nicht stimmen! Vielleicht musste er im Krieg mal plötzlich sehr schnell wegrennen, wie wir bei Fliegeralarm, aber wie konnte er den fest angewachsenen Arm dabei verlieren?

In den nächsten Monaten konnte ich mitfühlend, aber gleichwohl neugierig, beobachten, wie aus einem Rechtshänder ein Linkshänder wurde und wie geschickt ein Mensch aufgrund seiner vielseitigen Fähigkeiten mit einem solchen körperlichen Handicap umgehen kann.

Gustavs Armamputation hat Mama, die wegen ihrer großartigen Fürsorge für uns alle auch eine Heldin war, zuerst psychisch und später auch beinahe physisch umgehauen.

Und zwar besuchte uns einer von Gustavs Freunden, der nach einer Kriegsverwundung beinamputiert war. Wegen seiner Behinderung wollte er spät abends nicht mehr beschwerlich zu sich nach Hause und übernachtete deshalb bei Gustav im Zimmer. Mama öffnete am Morgen zum Aufwecken nichts ahnend die Kammertür und sah im Halbdunkeln vor sich ein Bein und einen Arm von der Decke hängend. Sie erschrak so sehr, dass ihr fast die Beine versagten.

Die beiden hatten ihre künstlich hergestellten Gliedmaßen, aus Platzmangel in der kleinen Schlafkammer, einfach an die Holzbalkendecke gehängt.

Helden des Alltags

Dazu zählten für mich später auch viele der Bauern. Oft erzählten sie neben mir stehend, wenn ich ihre Kühe malte, von ihren körperlich schweren täglichen Arbeiten, zumal damals noch kein Hofbesitzer in unserer Bauerschaft einen Trecker besaß, sondern alle noch vergleichsweise mühsam und umständlich mit Pferden arbeiten mussten.

Es gab sogar noch kleine Höfe, deren Besitzer sich zusätzlich nebenberuflich verdingten, die noch mühsamer mit Ochsen anstatt Pferden arbeiteten.

Trotz ihres arbeitsreichen Tagesablaufes verfolgten die Viehzüchter oft interessiert meine Malereien in ihr Stallbuch, auch um in ruhiger empfehlender Weise korrigierend eingreifen zu können, wenn meine Darstellung ihrer eigenen Sicht auf ihre Kuh nicht entsprach. Wegen ihrer Vielseitigkeit, die ihr Beruf verlangt, und ihrer sachten überlegten Art mit mir, dem damals vielleicht zwölfjährigen oder dreizehnjährigen Jungen, wie mit einem Erwachsenen vertrauensvoll zu reden, betrachtete ich sie mit hoher Wertschätzung. Weil ich gewöhnlich nachmittags zum Kühemalen auf den Höfen war, wurde ich häufig wie ein Familienmitglied zu einem „Vesperbrot“ zu Tisch gebeten. Manchmal gab es auch einen Teller „Brotsüppken“, bestehend aus warmer Milch mit eingebröckelten „Knabbeln“ (getrocknete Brotstücke) und Pumpernickel.

Heldenhaft mutig verhielt sich auch einer unserer Nachbarn bei der Beerdigung eines Bauern, der Zeit seines Lebens gerne habgierig Land von in Not geratenen Kleinbauern günstig aufgekauft hatte, also sozusagen den Hals nicht vollkriegte. Unser Nachbar warf ihm, mit dem wie üblich bereitgestelltem Schüppchen, ein wenig Erde ins Grab und traute sich, mutig gut vernehmbar zu murmeln: „So, Joop, du wollst doch immer veel Land un Boden häbben, nu gef ik dij noch een biatken mit, domit du ook för ewige Teit genug hast."

Auch der Mut unseres damaligen Bischofs, Graf von Galen, „Löwe von Münster" genannt, war heldenhaft. Nach Aussage meiner Eltern besaß er die Kühnheit, gegen das Naziregime zu opponieren. Er wagte sogar, in Anspielung auf Josef Goebbels' Gehbehinderung durch seinen Klumpfuß, zu predigen: „Seid wachsam, denn der Teufel humpelt durch unser Vaterland." Damit riskierte er eine Verschleppung ins Konzentrationslager durch die Gestapo.

Papa war für mich natürlich auch ein Held, zuvörderst weil er manchmal meinte: „Man muss die Leute nehmen, wie sie sind, und wenn nötig auch mal mit dem Teufel Karten spielen können, ohne sich zu verbrennen."

Er hatte also selbst vor dem Teufel keine Angst, so dachte ich. Auch fanden wir alle es heldenhaft mutig, wie er dereinst eine unserer Kühe rettete. Als die Kuh einen Blähmagen bekam, der zu platzen drohte, und keine Zeit mehr blieb, den Tierarzt zu benachrichtigen, entschied Papa sich spontan selbst zu handeln. Kurz entschlossen ließ er sich den Ondulier-Lockenstab bringen, mit dem meine Schwestern sich gelegentlich Locken in die Haare ondulierten, und stach damit heftig in den aufgeblähten Pansen der Kuh. Mit dem zweiteiligen Stab, der wie eine Schere funktioniert, konnte er die Wunde so weit öffnen, dass die Gase im Kuhmagen laut zischend ausströmten und die Kuh überlebte.

Nachdenklich machte mich die befremdliche Lebensweise eines eremitisch lebenden sonderlichen älteren Mannes in unserer Bauerschaft, nämlich Dicke Willm. Merkwürdigerweise säte er nicht wie alle anderen, aber erntete doch, allerdings auf seine eigene Art. Er war der Clochard unserer Bauerschaft, arbeitsscheu und frei. Natürlich auch frei von vielen Annehmlichkeiten des Lebens, wie Zugang zu Wohnung, Bett, Tisch, Stuhl und anderen Dingen, an die ich gewöhnt war. Scheinbar war er auch frei jeglicher gesellschaftlicher Verpflichtungen. Allerseits wohlwollend geduldet, gehörte Dicke Willm einfach zu unserer Bauerschaft. Er fand auch immer einen Schlafplatz auf einem der Höfe in der Scheune, im Stall oder bei strenger Kälte auf dem Heuboden oder Strohboden. Sein Essen wuchs auf den Feldern oder fiel von den Obstbäumen. Wenn im Winter nichts mehr wuchs, bettelte er um sein Essen, notfalls auch mitleiderregend theatralisch kniend unter Anbetung des zuständigen Heiligen um Vermittlung, wie ich es einmal gesehen habe. Unterwegs trug er immer einen alten Jutesack auf dem Rücken, in dem er Topf und Essgeschirr aus Blech sowie andere kleine Gebrauchsgegenstände aufbewahrte. Geschichten erzählte er auch, wenn niemand in der Nähe war, wie wir Kinder herausfanden, als wir uns einmal heimlich anschlichen. Er legte offenbar keinen Wert auf Zuhörer. Er war sich selbst genug. Seine Kleidung, die er anscheinend nie wechselte, hatte er aus Sackleinen wohl teilweise selbst geschneidert, und gewaschen hat er sich nie. Sein Leben so konträr zu allen und allem zu gestalten, fand ich mutig und auch nahezu heldenhaft.

Als er dann aber im Alter ernsthaft krank wurde, brachte Papa ihn mit unserer einachsigen Stiötkarre (Pferdekarre) zum Krankenhaus und berichtete danach, dass Dicke Willm dort sofort, zum ersten Mal seit vielen Jahren, gebadet wurde, … und das hätte er nicht überlebt.

Nein, diese Art der Freiheit gefiel mir dann doch nicht mehr.

Auf dem Hof leben, arbeiten und auch feiern

Heuernte

Das Wichtigste zur Heuernte war sicher die Wettereinschätzung für die nächsten drei Tage nach dem Grasschnitt, an denen das geschnittene Gras zu Heu trocknen sollte. Das musste jeder Bauer für sich entscheiden, denn Wettervorhersagen im Volksempfänger waren vermutlich noch recht unzuverlässig, weil es ja noch keine künstlichen Satelliten zur Wetterbeobachtung gab. Die alte Bauernregel, „kräht der Hahn auf dem Mist, ändert sich das Wetter oder bleibt, wie es ist", half da auch nicht wirklich weiter.

Ein Regenschauer täglich über einen längeren Zeitraum auf das geschnittene Gras hätte eine Katastrophe bedeutet. Das Gras würde vergammeln und minderwertiges oder sogar unbrauchbares Heu ergeben. Was dann? Ich glaube nicht, dass man damals Heu nachkaufen konnte. Als Folge hätte eventuell ein Teil des Tierbestandes verkauft werden müssen, weil nicht genug Futter für den Winter vorrätig gewesen wäre. Das wiederum hätte fatale Folgen für den Hof nach sich ziehen können.

Weil das Wetter für die Heuernte so wichtig war, hörte Papa beim Abendessen am Tag davor gerne auch andere Meinungen dazu. An ein solches Gespräch kann ich mich noch vage erinnern.

Papa: „Morgen mähen … was meinst du dazu, Hugo? Olle Gerd meinte auch, das Wetter wird gut, … hat kein Reißen mehr in den Knochen, hat er gesagt."

„Was … unser Gerd hat schon Reißen in den Knochen?", fragte Mama, die am Herd hantierte und nicht richtig zugehört hatte.

Papa: „Nein, nicht unser Gerd, … der olle Gerd vom Nachbarhof."

Mama: „Dann is ja gut,...ich glaub, das Wetter wird besser, sollten morgen mähen." Damit war es besiegelt.

Am nächsten Morgen wurden die Pferde recht früh von der Weide geholt, leicht mit sogenanntem „Franzosenöl" eingerieben und eingeschirrt.

Was „Franzosenöl" war, weiß ich nicht, aber es stank abscheulich und sollte lästige Fliegen und Bremsen von den Pferden fernhalten.

Nachdem die Pferde vor die Mähmaschine gespannt waren, ging es flott zur Wiese, die zu mähen war. Das geschnittene Gras wurde danach einmal täglich mit dem Heuwender bearbeitet, bis es, bei guter Wetterlage, nach einigen Tagen trocken genug war, um das geschnittene Gras Heu nennen zu können. Vor dem Einfahren musste es noch mit dem Heurechen „auf Reihen gezogen" werden, damit das lose Heu einfacher per Hand mit einer Heugabel auf den sogenannten Leiterwagen geladen werden konnte.

Weil das Heu leicht war, und um mit den Arbeitsgeräten beweglich zu sein, wurde immer nur ein Pferd vor den Wender oder Rechen gespannt.

Oft war wegen ungünstiger Wetterlage Eile geboten, das Heu auf die Leiterwagen zu packen und regengeschützt auf der Deele (Tenne) oder in der Scheune unterzustellen.

Als das Einfahren wieder einmal wegen einer aufziehenden Regenfront sehr schnell erfolgen musste und die Männer mit der Reparatur eines plötzlich aufgetretenen Schadens am Leiterwagen beschäftigt waren, kam meine Schwester Anni auf die glorreiche Idee, selbst das Heu mit dem Rechen auf Reihen zu ziehen, was sonst Männersache war. Weil sie an dem Tag aber Holzschuhe trug, mit denen sie den Fußhebel zum Aufklappen der schweren Zinken des Heurechens nicht bedienen konnte, setzte sie sich barfuß auf den Heurechen und klemmte sich dann den Fuß zwischen Hebel und Gestänge ein. So ein Malheur! Nach einem Notverband zu Hause, musste sie sogar mit der Kutsche zum Krankenhaus gefahren werden.

Glücklicherweise stand die Kutsche bei uns in der Scheune, denn wir teilten uns eine Kutsche zusammen mit unserem nächsten Nachbarn, weil sie doch nicht so oft gebraucht wurde, und der immer knappe Platz in der Scheune musste auch nur turnusmäßig zum Unterstellen der Kutsche freigehalten werden.

An dem Tag wurde es nichts mehr mit dem Heu-Aufladen und -Einfahren, aber die dunklen Wolken brachten keinen Regen und verzogen sich über Nacht. Wahrscheinlich hatte Mama abends noch im Gebet mit Petrus gesprochen. Vielleicht auch mit Erzengel Raphael (der Heiler) wegen Annis Verletzung, denn die Wunde heilte schon nach wenigen Tagen. Am nächsten Tag konnte das Heu, wenngleich mit verminderter Mannschaft, trocken eingebracht werden. Damit das oft sehr hoch auf den Leiterwagen gepackte Heu unterwegs zum Hof nicht vom Leiterwagen kippte, wurde ein sogenannter Baum (Rundholz) oben aufgelegt und vorne und hinten am Wagen festgezurrt.

Uns Kindern diente dieser Heubaum zum Festhalten, wenn wir auf dem Weg zum Hof ganz oben auf dem schaukelnden Heuwagen sitzen durften. Das lose Heu wurde vom Leiterwagen auf der Deele mit der Heugabel durch die Luke in der Holzbalkendecke auf den Heuboden hochgesteckt. Dieses Hochstecken durch die Luke auf den Heuboden war sehr schwere und staubige Arbeit. Das Abnehmen des Heus von der Heugabel, oben an der Luke mit beiden Armen, war gefährlich, weil man aufpassen musste, nicht in die Zinken der

Heugabel zu greifen und auch nicht durch die Luke zu fallen. Von hier haben mehrere Familienmitglieder das Heu weiter befördert und bis unters Dach hochgepackt. Auch das war mühsam, staubig, und wenn Disteln im Heu waren, auch schmerzhaft.

Getreideernte

Bei uns wurde vorwiegend Roggen, weniger Gerste und auch nur ein Feld Hafer für die Pferde eingesät. Weizen wuchs auf unseren sandigen mageren Böden, die damals nur mit Jauche und Mist gedüngt werden konnten, nicht so recht. Kunstdünger gab es schon, aber war so kurz nach dem Zweiten Weltkrieg wohl zu teuer, und man hätte ihn ja auch per Hand aus dem umgehängten Scheffel auf den Acker streuen müssen, denn einen vom Pferd gezogenen Düngerstreuer gab es nicht.

Schon früh am Morgen musste das Kornfeld an den Rändern, die direkt durch Zäune, Gräben oder Wallhecken begrenzt waren, mit der Sense eine Schnittbreite vorgemäht werden, weil die Mähmaschine einen seitlichem Mähbalken hatte. Die Pferde mit der Mähmaschine hätten das Getreide an solchen Feldrändern unverwertbar auf den Acker gedrückt.

Mir wurde einmal als Junge die besondere Ehre zuteil, dass ich zum Getreidemähen auf dem Fahrersitz unserer Mähmaschine sitzen und das Pferdegespann lenken durfte, wenngleich auch nur, weil alle gebraucht wurden und ich noch zu jung war, um Garben binden zu können. Allerdings saß Papa schräg hinter mir, neben dem Mähbalken, von dem aus er mit einer langen Holzstange das Getreide über dem Mähbalken in Portionen aufteilte und mittels hochgeklapptem Holzgatter am Mähbalken auffing und dann ablegte. Dadurch konnte es leichter aufgenommen und zu Garben gebunden werden. Das Gatter konnte er über eine Gelenkstange mit dem Fuß bedienen. Es war schon sehr schwierig, das Pferdegespann so genau zu lenken, dass die Schnittbreite des Mähbalkens auch ganz ausgenutzt wurde, jedoch nicht zu weit ins Kornfeld ragte, damit keine Halme an der Mähkante stehen blieben. Der Rest der Familie hob das in Portionen abgelegte Getreide auf, drehte aus einer Handvoll Halme eine Art Seil und band es damit zu Garben zusammen. Die Garben wurden seitlich abgelegt, um den Weg für das Pferdegespann nebst Mähmaschine für die nächste Schnittbreite freizumachen.

Bei Feldarbeiten, an denen ein Großteil der Familie beteiligt war, gab es immer nachmittags eine Vesper-Brotzeit auf dem Feld. Mama bereitete zu Hause eine große Kanne Kaffee und einen Korb mit Butterbroten vor und brachte alles zum Feld. Im Schatten eines Baumes am Feldrand wurde dann gemeinsam gegessen und geplaudert.

Nachdem das ganze Feld geschnitten war, wurden die Garben aufgesammelt und zu Stiegen von jeweils etwa zehn Garben mit den Ähren nach oben zum Trocknen spitzdachförmig zusammengestellt, auch damit eventueller Regen gut abfließen konnte.

Für uns Kinder waren die aufgestellten Stiegen kleine Strohhäuschen, die sich fabelhaft zum Verstecken spielen eigneten. Wer besonders mutig sein wollte, lief dann barfuß über das Stoppelfeld. Erstaunlicherweise war es weniger schmerzhaft an den Füßen, wenn man ganz schnell lief.

Wenn das Getreide nach einigen Tagen trocken war, wurde es hoch auf einen sogenannten Leiterwagen gepackt, wie beim Heu Einfahren mittels „Baum“ festgezurrt, in die Scheune gefahren, dort abgeladen und bis zum Dreschen zwischengelagert.

Dreschtag

Der Besitzer der Dreschmaschine besaß damals schon einen Traktor, um damit seinen Dreschkasten, wie wir die große holzverkleidete Dreschmaschine nannten, im Herbst zum Getreidedreschen zu den einzelnen Höfen zu ziehen und die Dreschmaschine mit dem Traktor mittels Riemenantrieb anzutreiben. Der große Dreschkasten wurde schon am Abend vor dem Dreschtag auf unseren Hof gebracht und in die Durchfahrt der Scheune gefahren, weil zum Dreschen ein voller Arbeitstag erforderlich war. Die schon beruflich tätigen älteren Geschwister nahmen sich dafür möglichst einen Tag frei, und Nachbarschaftshilfe war auch üblich.

Für uns Kinder war der Dreschtag ein ganz besonderer Tag, weil so viele ältere Geschwister und auch Nachbarn auf dem Hof waren. Zu Mittag und nachmittags zum Vesperbrot saßen sie zusammen am Tisch, und wir haben dann gerne den interessanten Erzählungen, meist Dönekes, der Erwachsenen gelauscht.

Früh am nächsten Morgen musste der Motor des Traktors vor dem Anlassen erst noch mit einem Karbidbrenner vorgewärmt werden. Wenn der Traktor dann gestartet war und die Dreschmaschine in Gang setzte, wurde es ohrenbetäubend laut in der Scheune.

Die Getreidegarben, die auf einer Seite der Durchfahrt gelagert waren, mussten jetzt auf den Dreschkasten befördert, aufgebunden und in den Füllkasten gelegt werden. Jetzt war es nicht nur laut, sondern auch noch staubig, weil die Dreschmaschine mit Schlagleisten das Korn aus den Ähren schlug und das Gebläse die Spreu vom Korn trennte. Durch eine andere Öffnung auf dem Dreschkasten kam das gedroschene Stroh, von der Maschine mit einem Jutebindfaden gebunden, wieder zum Vorschein. Jetzt hießen sie aber nicht mehr Strohgarben, sondern Strohbunde, die auf dem geräumigen Strohboden über den Viehställen auf der anderen Seite der Scheunendurchfahrt gelagert wurden. An der Rückseite des Dreschkastens unten fiel das Korn durch Öffnungen in vorgebundene Jutesäcke, die mühsam auf dem Rücken über eine Treppe zum Kornboden gebracht werden mussten.

Wenn die Erwachsenen wegen des Staubes aus dem Dreschkasten über staubige und trockene Kehlen klagten, gab es auch immer für sie die eine oder andere Runde Schnaps, zum Entstauben der Kehle und zum Löschen des „fürchterlichen" Durstes.

Stroh häckseln

Das auf dem Boden gelagerte Stroh diente überwiegend als Streu für die Ställe, damit die Tiere trocken und sauber liegen konnten.

Aber auch wir Kinder sollten sauber und behaglich im Bett liegen, deshalb stellten unsere Schwestern Strohmatratzen für uns her. Dazu wurde das Stroh, wie auch immer vorbehandelt, in ein Inlett von Bettgröße gestopft und fertig war die Matratze. Das Stroh in dem Inlett konnte jederzeit leicht ausgewechselt werden.

Ein Teil des gelagerten Strohs diente als zusätzliches Futter für die Kühe im Winter und zur Herstellung von Häcksel für die Pferde. Der Strohhäcksler stand auf dem Zwischenboden über den Pferdeställen. Er bestand im Wesentlichen aus einem Gestell mit einem länglichen Holzkasten oben, zur Aufnahme eines Strohbundes. An einem Ende des Kastens war eine große Schneide angebracht, die mechanisch zur Drehung angetrieben wurde. Wenn das Strohbund im Kasten bei jeder Drehung des rotierenden Messers ein stückweit vorgeschoben wurde, schnitt das rotierende Messer entsprechend kurze Stücke davon ab. Diese kurzen Strohalmstücke werden Häcksel genannt und ausschließlich als zusätzliches Futter für die Pferde verwendet.

Angetrieben wurde der Häcksler mit einem Pferdegöpel draußen auf dem Hof hinter den Pferdeställen. Zur Kraftübertragung diente eine Eisenstange vom Göpelantrieb zum Gebäude, über ein Eckgelenk den Giebel rauf dann wieder über ein zweites Eckgelenk durch die Giebelwand zum Häcksler. Von der Antriebskonstruktion des Göpels war nur der obere große Zahnkranz sichtbar. Darüber lag ein gelenkig befestigter langer Holzbalken, der beidseitig circa zwei

Meter über das Zahnrad hinausragte. Dieser Balken war interessant für uns Kinder. Im Stillstand war er das ganze Jahr über eine Wippe. Wenn aber ein paar Mal im Jahr ein Pferd, von einem Erwachsenen geführt, den Balken zum Häckseln an einem Ende im Kreis zog, konnten wir am anderen Ende auf dem Balken sitzen. Wer wollte, durfte aber auch auf dem Pferd sitzen.

Für uns war die Anlage dann ein ganz tolles Karussell von dem wir jederzeit absteigen, zwischendurch rumtoben und wieder aufsteigen konnten, weil das Häckseln immer eine geraume Zeit in Anspruch nahm. Andere Karussells kannten wir auch nur aus Erzählungen.

Kartoffelernte

Zunächst brauchte man dafür Körbe, und zwar damals natürlich selbst geflochten. Papa und unser Ältester, Hugo, hatten im Winter auf der Deele (Tenne) Körbe aus Weidenzweigen geflochten. Die fingerdicken Zweige benutzten sie für das Korbgerüst und dünnere für das Geflecht. Um allen gerecht zu werden, formten sie verschiedene Größen, große für die Männer, mittlere für die Frauen und kleinere für die Kinder, die schon mithelfen konnten und wollten. Jede einzelne Kartoffelreihe wurde mit dem, von zwei Pferden gezogenen Pflug ausgehoben. Jedes Familienmitglied bekam einen Abschnitt der gepflügten Reihe zugewiesen, um die sichtbaren Kartoffeln aufzulesen und in den Korb zu legen. Die noch im gelockerten Boden aus der gepflügten Furche verbliebenen Kartoffeln mussten, aber auf den Knien rutschend, ausgeklaubt werden. Wenn der Korb voll war, konnte man ihn in den seitlich bereitgestellten Ackerwagen entleeren. Später kaufte Papa einen Kartoffelroder, der die Arbeit wesentlich erleichterte. Der auch von Pferden gezogene Roder warf die Kartoffeln reihenweise seitlich, größtenteils gut sichtbar, auf den Acker und sie konnten dann einfach aufgelesen werden.

Nach getaner Arbeit sammelten wir Kinder die abgestorbenen trockenen Kartoffelstrünke (Kartoffellaub oder auch Kartoffelkraut) auf einen Haufen. Nach dem etwas schwierigen Anzünden hatten wir ein richtiges Lagerfeuer auf dem Acker. Mit Spießen aus abgeschnittenen Zweigen hielten wir dann kleinere Kartoffeln über die Glut zum Rösten. Sie schmeckten einfach himmlisch!

Jetzt, in den Kartoffelferien (Herbstferien), mussten wir keine Hausaufgaben für die Schule erledigen und hatten somit Zeit, zum Tagesabschluss auch noch am Wettbewerb im

„Kartoffelweitwurf“ teilzunehmen. Dazu steckten wir einige verbliebene kleine Kartoffeln auf die Spieße, um damit unfassbar weit werfen zu können, aber nur wer geschickt war und den „Bogen raus hatte“.

Indessen wurden die beladenen Ackerwagen zum Hof in die Scheune gezogen, die Kartoffeln abgeladen und dort allseitig sonnengeschützt zum späteren Sortieren zwischengelagert. Das Abladen wurde, wenn ich mich recht entsinne, durch Entfernen des hinteren Brackenschotts des Ackerwagens ermöglicht. Die Kartoffeln rollten dann größtenteils ab. Der verbliebene Rest auf dem Wagen wurde mit einer Kartoffelforke (Kartoffelgabel) abgeladen. Das war aber noch nicht das Ende der Kartoffelernte. Im Boden blieben ja noch vereinzelt Kartoffeln im Acker, die beim Aufsammeln nicht sichtbar waren, weil sie, durch die vom Roder mit den Kartoffeln aufgeworfene Erde, überdeckt waren. Um die zu finden, wurde der Acker geeggt. Die von Pferden gezogene Egge brachte die Kartoffeln wieder zum Vorschein. Wir Kinder hatten dabei die Aufgabe, sie hinter der Egge mit einem Korb in der Hand aufzulesen.

Nach einer Weile wurde der Korb immer schwerer, das Bücken mühsamer und verführte zum Mogeln. Die eine oder andere Kartoffel drückten wir dann mit dem Fuß einfach in den durch die Egge gelockerten Boden zurück. Der ältere Bruder hinter der Egge, der die Pferde lenkte, durfte das natürlich nicht sehen. Er war ja selber schuld daran, wenn er zu wenige Pausen einlegte.

Kartoffeln sortieren

Nach der Erntezeit wurden die gelagerten Kartoffeln mittels eines Kartoffelsortierers in drei Größen getrennt. Der große Haufen der gelagerten Kartoffeln musste dazu mühsam und geduldig per Hand mit einer Kartoffelgabel in den Schütttrichter des Sortierers geschaufelt werden. Das Sortiergerät bestand aus einem Holzgestell mit einer mittels Handkurbel betriebenen Drehtrommel, die drei verschiedenen Öffnungsgrößen hatte. Dadurch fielen die Kartoffeln bei Drehung der Trommel, nach Größe getrennt, an drei Stellen in untergestellte Körbe.

Die kleinen sogenannten „Schweinekartoffeln" wurden im Laufe des Winters im großen „Bäggekessel" gekocht und an die Schweine verfüttert. Es war ein sehr großer Kessel mit verschiedenen Kesseleinsätzen zum Kochen von Schweinefutter, Wäsche, Würsten am Schlachttag und sogar Einmachgläsern. Der große Heizofen unter dem Kessel wurde mit „Buschken" befeuert.

Die überwiegende Menge der mittelgroßen Kartoffeln wurde verkauft und die restlichen für den Eigenverzehr gelagert. Außerdem mussten beim Sortiervorgang die beschädigten und missgestalteten Kartoffeln aussortiert werden, wenn sie in den Korb fielen, und kamen zu den Schweinekartoffeln.

Für den reibungslosen Ablauf dieses Sortiervorganges war die ganze Familie vonnöten. Wir kleineren Kinder brauchten aber nicht mithelfen, weil man uns das Aussortieren der beschädigten Kartoffeln nicht so recht zutraute, und außerdem waren die gefüllten Körbe zum Wegtragen und Entleeren auch zu schwer für uns.

Interessant und kurzweilig war es aber immer für uns, wenn mehrere Familienmitglieder zusammen eine Arbeit verrichteten.

Lustige Gespräche, Spaß, Neckerei, Ulk und Streiche gehörten nämlich immer dazu.

Pflügen

Bald nach der Getreideernte und der Bearbeitung der Felder mit dem Kultivator zur Auflockerung und Krümelung des Bodens sowie Düngung mit Mist und Jauche begann die Zeit des tagelangen Pflügens. Dann wurden meist Runkelrüben als Zwischenfrucht eingesät, die im Herbst gezogen und frostgeschützt in Mieten gelagert werden mussten, als Futter für die Kühe im Winter. Eingesäte kleinere Futterrüben konnten hingegen im Spätherbst oder sogar noch im Winter täglich auf dem Feld frisch gezogen werden, um sie direkt mit dem Laub zu verfüttern. Andere Zwischenfrüchte wie Luzerne oder Lupinen unterpflügte man im Spätherbst zum Düngen des Bodens.

Wir nannten unseren Pflug „Hirsch", weil er ein Kipppflug war, an dem die Pflugscharen und die Gestänge für die Haltegriffe beidseitig winkelig zur Radachse angebracht waren, und die jeweils nach oben ragende Seite mit einem Pflugschar- und Haltegriff-Gestänge wie ein Hirschkopf mit Geweih aussah. Der Pflug musste am Ende jeder Furche auch nicht gedreht, sondern nur über die Radachse gekippt werden. Nur das Pferdegespann musste wenden, wobei man aber aufpassen musste, dass die Zugkette dabei locker blieb und unter dem kleineren Rad hergezogen wurde. Das andere Rad blieb ja in der Furche und war auch entsprechend größer.

Pflügen sei keine schwere, aber eintönige, langweilige Arbeit, hörte ich oft von meinen älteren Brüdern. Manchmal gingen sie einen ganzen Tag lang „einsam und allein" auf dem Acker hinter dem Pflug. Furche nach Furche feldauf, feldab. Nur drei Pausen waren üblich, nämlich zum Frühstück, zur None (Mittagszeit), zu der auch die Pferde eine

Stunde auf ihre Weide kamen, und nachmittags zum Vesperbrot.

Zur Unterhaltung konnte man höchstens für sich selbst ein Liedchen pfeifen oder, wenn man „gut bei Stimme" war, den neusten Schlager singen. Andere fluchten und schimpften aus Langeweile beim Pflügen gerne mit ihren Pferden, weil die zu langsam gingen oder angeblich nicht so richtig bei der Sache seien. Aber irgendwann am Tag war das Feld gepflügt. Nur die Pferde mussten noch ausgeschirrt und auf ihre Weide am Hof gebracht werden, dann war Feierabend. Kühe melken und das Kleinvieh, wie Schweine, Schafe und Kälber, von der Weide in ihre Ställe treiben erledigten an solchen Tagen die Schwestern.

Kühe melken

Im Winter standen die Kühe im Kuhstall, während sie im Sommer Tag und Nacht auf der Weide blieben.

Im Frühjahr und Herbst, wenn das Gras noch nicht oder nicht mehr so sehr wuchs, wurden sie oft tageweise auf eine Weide getrieben und gegen Abend in den Kuhstall zurückgeholt, gemolken und zu gefüttert.

Das Kuhtreiben war aber immer eine heikle und aufregende Aufgabe. Auf dem Weg zur oder von der Weide sahen die Kühe auf angrenzenden Feldern viel Leckeres zum Fressen und brachen deshalb auch mal gerne aus. Um das zu unterbinden, waren mindestens zwei Treiber erforderlich. Einer lief dann laut rufend und stockschwenkend schnell zu der Stelle, an der die Kühe in das angrenzende Feld ausbrechen wollten, während der andere ja auf dem Weg hinter der Herde bleiben musste.

Wenn die Kühe im Stall standen, wurden sie immer nur von den älteren Geschwistern einschließlich Heiner, der noch im Jugendlichen Alter war, gemolken. Auf der Weide hingegen durfte ich auch mal die eine oder andere Kuh melken. Das war aber gar nicht so einfach. Auf einem Melkschemel sitzend, mussten die Finger die Hände um die Zitzen von oben nach unten kräftig schließen, während man an den Zitzen zog, damit die Milch im Strahl gezielt in den untergestellten Eimer floss. Die Milch wurde dann vom Eimer durch einen Trichter mit Tuchfilter in Zwanzig-Liter-Kannen gefüllt und in einem Gewässer bis zum nächsten Morgen kühl gehalten. Alle Weiden hatten dafür und natürlich auch zum Tränken der Tiere entweder einen Brunnen, eine Schwengelpumpe oder einen Moorgraben, der ganzjährig Wasser führte.

Nach dem Melken am Morgen mussten die Milchkannen mit dem Fahrrad, zwei am Lenker, zu einem aus Holz gezimmerten sogenannten Milchbock an der Straße vor unserem Hof gebracht werden. Bis zur Mittagszeit kam der „Milchbauer“ mit seinem von einem Pferdegespann gezogenen Flachwagen und brachte die Milchkannen von den Höfen zur Molkerei. Den Milchfahrer nannten wir Milchbauer, weil es allgemein Kleinbauern waren, die diese Aufgabe nebenberuflich übernahmen.

Mein nächstälterer Bruder, Heiner, entwickelte mit der Zeit ein besonderes Geschick beim Melken. Bei einem Wettbewerb der Landwirtschaftskammer, während seiner landwirtschaftlichen Lehrjahre, wurde er sogar westfälischer Meister der nicht beruflichen Melker. Aber auch er konnte nicht verhindern, dass die Kuh ihm beim Melken manchmal mit der beschissenen Schwanzquaste einen heftigen feuchten Schlag in den Nacken verpasste. Der Kuh während des Melkens den Schwanz am Bein festzubinden, war keine gute Idee, weil Kühe sich mit der Schwanzquaste gegen Fliegen und Bremsen wehren. Den hinteren Teil ihres Körpers können sie dazu mit dem Schwanz erreichen, das Vorderteil mit der Zunge, und am Kopf wie auch am Hals können sie sich der Quälgeister durch kräftiges Schütteln erwehren. Wenn das der Kuh nicht mehr möglich ist, wird sie unruhig und stößt allenfalls mit den Hinterbeinen den Melkeimer um.

Große Höfe hatten einen Berufsmelker (einen sogenannten Schweizer), der auch für die Fütterung und sonstige Versorgung der Kühe, Kälber, Rinder und Bullen zuständig war. Der „Schweizer“ wohnte meist mit seiner Familie in einem kleinen Heuerhaus, das zum Hof gehörte.

„Danz up de Deele“

Auf dem Hof wurde aber nicht nur gearbeitet, sondern es wurden auch feste Feste gefeiert. In der Nachkriegszeit vor und auch noch nach der Währungsreform wurden die Feste aus finanziellen Gründen immer auf der Deele (Tenne) der Höfe gefeiert, wie auch bei uns die Hochzeit meiner Schwester, Agnes. Es war üblich, dass einige junge Männer die damals noch handgeschriebenen Einladungen zur Hochzeitsfeier am Sonntag davor zu den nächsten Nachbarn brachten. Mit bunt geschmückten Fahrrädern fuhren diese sogenannten Hochzeitsboten mit den Einladungen von Hof zu Hof, wo es natürlich auch ein Pinneken Schnaps gab.

Zur Feier wurden auf der mit Zweigen und Blumen geschmückten Deele Tische und Stühle aufgestellt, teilweise von Nachbarn ausgeliehen, damit alle Gäste zu den Mahlzeiten einen Platz hatten. Es wurde viel erzählt, gelacht und zwischendurch auch mal ein Schnäpschen auf das Wohl des Brautpaares getrunken.

Nach dem Abendessen spielten drei Nachbarjungs, die auch ohne besondere musikalische Ausbildung ihre Musikinstrumente, Schifferklavier, Gitarre, Trommel und Schlagzeug gut beherrschten und eine kleine Musikkapelle gegründet hatten, zum „Danz up de Deele“ auf.

Fasteovend (Fastnacht) mit Danz up de Deele wurde jährlich wechselweise auf den Höfen gefeiert. Nachmittags wurde auf dem jeweiligen Hof der „Fasteovendkönig“ ausgeworfen. Geworfen, weil Schusswaffen aller Art in den ersten Nachkriegsjahren verboten waren. Schützenfeste waren zu der Zeit auch verpönt, und deshalb wurden bei uns die Statuten für Fasteovend vermutlich so abgeändert, dass eine Mischform zwischen Fastnacht und Schützenfest entstand.

Wie auf einer Kirmes durfte jeder Erwachsene versuchen, mit einem Ball aufgestapelte leere Blechdosen von einem Brett zu werfen. Wer mit einem Wurf alle Dosen abräumte, war Fasteovendkönig. Die Dosen waren aber so aufgestellt, dass es kaum möglich war, sie mit einem Wurf alle abzuräumen, weil der König nämlich doch schon vorher von den Fasteovend-Ältesten ausgemacht war. Zufällig beobachtete ich einmal, wie die Erwachsenen dabei mogelten, und war etwas enttäuscht, weil Papa, als Fasteovend-Ältester, mitverantwortlich für diese Schummelei war. An dem Brett, auf dem die Dosen standen, war nämlich ein Bindfaden angebracht, an dem jemand nur ziehen musste, wenn bei dem ausgewählten Werfer alle Dosen umfallen sollten.

Nichtsdestoweniger wurde der Gewinner unter viel Jubel zum Fasteovendkönig gekürt, woraufhin die Schnapsflasche mehrmals rumgereicht wurde. Nach einer Pause, die von einigen zum Melken der Kühe und Füttern des Viehs benutzt wurde, kam die große Zeit für unsere Drei-Mann-Musikkapelle für den Danz up de Deele. Für uns Jüngeren war dann aber leider Schluss.

Sommersonntage auf dem platten Land

Zur Frühmesse aufstehen oder länger liegen bleiben zum Hochamt?

Das war am Sonntagmorgen immer die Frage für uns, denn je älter der Morgen, desto länger die Dauer der Messfeier wegen der dann längeren Predigt.

Im ganzen Haus breitete sich zunehmend eine fast hektische Unrast aus. Alle Geschwister waren auf der Suche nach Socken, Strümpfen, Hemden und sonstigen Kleidungsstücken, weil man sich an Sonn- und Feiertagen grundsätzlich anders kleidete als an Werktagen.

Die älteren Brüder suchten zudem noch Kragenstäbchen für das weiße Oberhemd und die richtige Krawatte für den Kirchgang. Sogar die Sonntagsschuhe hatten sich im Verlauf der vergangenen Woche scheinbar versteckt. Werktags trugen wir nämlich meist „Holzken“ (Holzschuhe) oder robuste „Landschuhe“.

Auch in den Stallungen und auf dem Hof entwickelte sich eine hastige Betriebsamkeit, denn noch vor dem Kirchgang mussten Schweine, Kälber und Schafe auf die Weide getrieben und auch die Kühe auf der Weide noch per Hand gemolken werden.

Der sonntägliche Kirchgang war aber keineswegs nur lästig, sondern auch ein willkommener festlicher Brauch, bei dem man vielen Dorfbewohnern begegnete, die man ja alltags nur selten sah. Der traditionelle Kirchgang hatte somit auch einen erfreulichen Aspekt.

Eile war aber geboten, besonders wenn man „die Glocken schon läuten hörte“. Zur Messe durfte man auf keinen Fall zu spät kommen, weil man sonst gezwungen war, verlegen mit hochrotem Kopf vor aller Augen möglichst unauffällig auf der richtigen Seite einen freien Platz zu suchen. Männer und Jungs nur auf der rechten Seite und um Gottes willen nicht auf der linken Seite, weil dort nur Frauen und Mädchen Platz nehmen durften. Beim „Jüngsten Gericht" würde Gott hoffentlich ein gerechteres Verfahren anwenden, bezüglich der „Gerechten zur Rechten Gottes".

Nach längerem Fußmarsch von unserem Hof in der Bauerschaft, Twenhusen, zur Kirche im Dorf, Recke, ein bisschen abgespannt, bestand für mich auch schon mal die Gefahr, während der Messe durch das einschläfernde Gemurmel der Gebete in einen Zustand der Orientierungslosigkeit und des Träumens zu geraten. Die mahnenden Worte der Predigt von der Kanzel ließen mich dann wohl eine Weile aufhorchen, wurden aber zunehmend verschwommener wie ein abstruses monotones Geräusch in der Ferne, sodass ich manchmal gedankenversunken das Ende der Predigt und den weiteren Verlauf der Messe gar nicht mehr richtig wahrnahm. Durch das Gepolter und Gedränge des gemeinsamen Aufstehens aller Jungs der ganzen Bank wieder in die Realität zurückgeholt, ging es daraufhin mit brav gefalteten Händen durch den Mittelgang ganz langsam, Fuß vor Fuß, zur Kommunionbank.

Manchmal wettete ich dann mit mir selbst, wie viel Fuß es von der Bank, auf der ich an dem jeweiligen Sonntag saß, bis zur Kommunionbank waren, verlor aber meist. Wenn ich es schließlich nach vielen Sonntagen von einigen Bänken aus wusste, waren meine Füße inzwischen gewachsen, ich bekam größere Schuhe, mitunter vom nächstälteren Bruder schon gut eingelaufen, und musste wieder mit dem Zählen neu anfangen oder kompliziert umrechnen.

Die scheinbar ewig langdauernde Messfeier endete abschließend doch mit dem erlösenden „Ite, missa est", und wir durften die Kirche mit gebremster Eile verlassen. Viele Erwachsene, damals natürlich nur die Männer, trafen sich danach zu einem kurzen Frühschoppen in den Gasthäusern in der Nähe der Kirche, wo dann auch die Neuigkeiten der vergangenen Woche ausgetauscht wurden.

Wir Kinder, oft wegen der Teilnahme an der Kommunion noch ohne Frühstück, machten uns hungrig, in freudiger Erwartung des sonntäglichen Schweinebratens zu Hause, auf den Heimweg. Vor Einnahme der Hostie bei der Kommunion in der Kirche durfte man nämlich nicht frühstücken. Eifrig diskutierend verabredeten wir jüngeren, Heiner, Reinhold und ich, uns unterwegs mit den Nachbarjungs für den Nachmittag, zu möglichst aufregenden und verwegenen Spielen.

Sonntagnachmittags flanierten die Mädchen gerne blumenpflückend an Wiesen und Feldern vorbei durch unsere Bauerschaft, steckten sich die schönsten Blumen ins Haar und flochten wetteifernd faszinierende Blumenkränze. Ich weiß das, weil sie mich, als ich noch sehr klein war, manchmal auch schick anzogen, sogar mit „Fips“ (Schlips konnte ich noch nicht aussprechen) und mich mitnahmen. Vielleicht diente der gemeinsame Spaziergang mit mir meinen Schwestern auch ein ganz klein wenig als Vorwand, um den Sonntagnachmittag berechtigterweise ihren Wünschen und Vorstellungen gemäß genießen zu können.

Das mag nicht der Wahrheit entsprechen, obwohl andererseits Mama gegebenenfalls den Mädchen auch noch für den Sonntagnachmittag häusliche Arbeiten, über den Abwasch hinaus, angewiesen hätte. Wenn die schon berufstätigen Geschwister, die nicht mehr zu Hause wohnten, sonntags kamen, war die Familie wieder vollzählig und der Abwasch keine Kleinigkeit, sondern eine Herausforderung.

Viel Warmwasser musste gekocht werden und viel Spülwasser aus der Schwengelpumpe wurde gebraucht, um die große Menge an Essgeschirr zu reinigen. Dann musste es ja auch noch abgetrocknet und eingeräumt werden. Darüber hinaus gab es in unserem großen Haushalt auch sonntags noch reichlich zu tun, wie Vorbereitungen zum Vesperbrot und Abendessen. Die Arbeiten im Haushalt wurden aber damals traditionsgemäß, zum Nachteil der Mädchen, keineswegs gerecht unter den Kindern aufgeteilt.

Die abgeschiedene, trauliche Stimmung eines Sonntagnachmittags im Sommer auf dem platten Land war eigentlich immer idyllisch und auch besinnlich. Auf einer anderen Bedeutungsebene war das wohlige Empfinden illusorisch wahrnehmbar, als sanfte Schwingungen in der Atmosphäre, als Lichtspiele auf den Kornfeldern bei einer leichten Brise oder als Flimmern der Luft im Sonnenschein über den roten Dächern der Gehöfte rundum.

Diese ländliche Ruhe und Stille wurde sporadisch nur vom tirilierenden Lied der Feldlerche, im Rüttelflug in der Sphäre über den Feldern und Wiesen schwebend, unterbrochen … nein, erfüllt.

Kein Hufgetrappel von Pferden vor knarrendem Ackerwagen auf holprigen Wegen, kein Klappern und Quietschen von Landmaschinen, kein Peitschenknallen, keine lauten Pferdezurufe wie haar, hott und hü oder gar verärgertes lautes Fluchen, wenn die „Zossen“ mal nicht so recht gehorchen wollten, unterbrachen die betuliche Eintracht. Laute Motoren, welchem Zweck auch immer dienlich, gab es in der Nachkriegszeit bei uns auf dem platten Lande schlechterdings noch gar nicht.

Offenbar reagierten Kühe, Rinder, Kälber und Schafe auf den Weiden sogar auf diese allgemeine Sonntagsruhe und muhten oder blökten dann weniger als alltags, aber natürlich nur meiner Erinnerung nach. Auch das Gekläffe der Hofhunde war seltener zu hören, weil sich auf den Wegen, Feldstraßen, Sandwegen und „Pättkes“ nach dem Kirchgang nur wenig bewegte.

Sommersonntags rochen die Wiesen und Felder nicht nach mühsamer Arbeit und Schweiß, sondern alles roch nach Frische, war ein bisschen grüner, bunter. Blaue Kornblumen und roter Klatschmohn wuchsen an den Rändern der Kornfelder. Auf vielen Viehweiden blühten Wiesenblumen und an den Ackerrainen gab es wunderschöne Feldblumen und Wildkräuter zu bestaunen, die in der Hast des Alltags nur als Unkraut flüchtig wahrgenommen wurden.

Wir Jungs hatten sonntags viele verschiedene Spielmöglichkeiten. Zur Aa laufen und nach „gewagtem Köpper“ in dem kleinen Flüsschen schwimmen, Fußball spielen mit einem selbst gebastelten gummiummantelten Torfball oder manchmal auch mit einer aufgeblasenen Schweinsblase von der letzten Schlachtung. Einen richtigen Gummiball erhielten wir erst später. Beliebt war auch „Torero spielen mit Schafbock“, konnte aber auch sehr schmerzhaft enden, wie wir leider oft genug feststellen mussten.

Viele unserer Spiele waren gefährlich, deshalb auch so mitreißend packend und abenteuerlich, wie Krieg spielen mit „Fletsche“ (Steinschleuder), mit dem „Flitzebogen“ (Pfeilbogen) oder sogar mit selbst gebastelter Kanone aus rostigem Ofenrohr und alten Sprungfedern.

Unsere Weuste

So wurde der unbewohnte landwirtschaftlicher Bereich zwischen unserer Bauerschaft und der angrenzenden Ortschaft genannt.

Es war ein recht weitläufiges Gebiet mit Feldern und Weiden, durchzogen von mehreren breiten Entwässerungsgräben und vielen Wallhecken.

Vorrangig weideten dort Rinder und „Büllekes“ (Bullen), auf denen wir übermütig sogar reiten konnten.

Beim Bullenreiten mussten wir aber höllisch aufpassen, früh genug abzuspringen, wenn die Büllekes manchmal im Galopp abrupt in die niedrigen, damals noch üblichen, Viehhütten rannten.

Die weite Fläche der Weuste erschien uns Kindern wie unser eigener Kontinent. Sonntags waren keine Erwachsenen dort, die uns beobachten konnten, weil am „Tag der Ruhe“ auf Feld und Wiese nicht gearbeitet wurde.

Viele gesellschaftliche Anforderungen, an die auch wir Kinder uns sonst anpassen mussten, verloren ihre Gültigkeit in unserer Weuste. Die Gesellschaft waren allein wir und die Tiere, denn sonst war ja niemand zu sehen, und somit konnte in unserem Sonntagsreich auch alles nur nach unserem Gutdünken ablaufen.

Damit war ein bestmögliches Forum für unsere sonntägliche Freizeitgestaltung geschaffen. Diesen Freiraum nutzten wir auch, und zwar manchmal ausgiebig, wenn der Teufel uns ritt. Der war übrigens allzu häufig in unserer Nähe, was wir an seinem Schwefelgeruch oft feststellen mussten. Oder war es nur der Schwelbrandgeruch vom Zündeln und Flämmen? Der Teufel, der uns manchmal ritt, hatte jedoch keinen Einfluss auf unsere variablen egozentrischen Regeln in der Weuste, weil er ja unsichtbar war und somit auch kein Stimmrecht einfordern konnte. Im Nachhinein denke ich … Gott sei Dank!

Auf vielen Viehweiden standen kleine Viehhütten, teilweise in morbidem Zustand und gerade deshalb auch so pittoresk. Erbaut waren sie meist einfach aus vier bis acht stabilen Holzpfosten mit zwei- oder dreiseitiger Verbretterung und einem leicht schrägen roten Ziegeldach. In der Gestaltung waren sie jedoch unterschiedlich, weil jeder Bauer wohl seine eigene Vorstellung von Form und Größe der Hütte hatte, was wohl ausreichend sei für seine Viecher.

Übrigens habe ich nie wirklich erfahren können, weshalb die Bauern damals so viele dieser Wetterschutzhütten für Ihre Weidetiere bauten und später nicht mehr. War es vielleicht Fürsorge für ihre Tiere? Wenn ja, hat das Empfinden für die Tiere später nachgelassen? Oder war es einfach nur profitorientiertes Handeln in der Annahme, die Tiere würden durch den Wetterschutz besser gedeihen und später wurde der Bau und Unterhalt der Viehhütten als zu lohnintensiv betrachtet?

Uns Jungs dienten die Hütten jedoch vor allem als Sichtschutz, zum Auffinden von Kiebitznestern auf den Wiesen, im Wettstreit mit der Zielsetzung die meisten Nester zu finden. Des evolutionsbedingten Verhaltens der Tiere noch nicht bewusst, erschien es uns so, als ob die Kiebitze trotz Sichtschutz doch genau wussten, dass wir sie beobachteten. Sie landeten nämlich nie in der Nähe, sondern in großer Distanz zu ihrem Nest auf der Wiese und liefen dann im verwirrenden Zickzackkurs, immer wieder sichernd anhaltend, zu ihrem Nest. Für unseren Wettstreit zählten nur die gefundenen Kiebitznester, nicht die Anzahl der Eier in den Nestern, die wir auch nicht mitnehmen durften, denn die Kiebitze zählten zu den „nützlichen" Vögeln, im Gegensatz zu anderen Vogelarten, die damals als „unnütz" galten. Eier ausnehmen durften wir ja nur aus Nestern von sogenannten „unnützen" Vogelarten, also lediglich von Greifvögeln, früher Raubvögel genannt, wie Bussarde, Sperber und Habichte sowie auch von Rabenvögeln wie Krähen, Elstern und Eichelhähern. Die Rabenvögel galten zwar als besonders schlau, hatten aber einen diebischen und die Greifvögel einen räuberischen Charakter, wie man damals meinte. Mutmaßlich wurden die „unnützen" Vogelarten nur aus Versehen von Gott so erschaffen, oder der Teufel hatte sich bei deren Erschaffung, wie möglicherweise auch bei der Schöpfung des Menschen, heimlich eingemischt. An den Stimmen konnte man scheinbar den Unterschied zwischen

„nützlichen“ und „unnützen“ Vogelarten auch erkennen. Die „nützlichen“ waren meist melodisch klingende Singvögel, während die „unnützen“ wie Greifvögel sich durch infernalisch schrille, und die meisten Rabenvögel sich durch diabolisch krächzende Laute bemerkbar machten. Das Gurren der Wildtauben, das lang gezogene Kiiiwit der zahlreichen Kiebitze, der metallisch klingende Ruf der Dohlen sowie das nervige Piep, Piep, Piep, der damals noch massenhaft auf den Höfen vorkommenden Spatzen, klangen auch bedenklich und fragwürdig.

Gelegentlich, aber selten, konnten wir Rehe auf den Wiesenrainen erspähen. Diese sehr scheuen Tiere zu beobachten, war natürlich besonders aufregend und spannend. Sie grasten eigentlich nie offen auf einer Wiese, sondern fast immer etwas versteckt in der Nähe von Wallhecken oder kleinen Wäldchen.

Außer den Wildtieren waren eigentlich nur Rinder und Bullen in unserer Weuste zu sehen. Kühe, die zweimal am Tag gemolken wurden, Pferde, die man ja alltäglich immer wieder mal brauchte, und Kleinvieh, das über Nacht in den Stall getrieben wurde, grasten auf Weiden näher zu den Höfen.

In unserer Weuste konnten wir sonntags auch, unbeobachtet von den Erwachsenen, zündeln und flämmen. Verdorrte Gräser und kleinere Sträucher an Grabenböschungen und Wiesenrainen brannten dann züngelnd oder zu unserem Schrecken auch mal lodernd. Dann war allerdings schnelles Handeln vonnöten, damit die hölzernen Zaunpfähle oder Gatter nicht in Brand gerieten, und dadurch Panik unter Bullen oder Rindern auf den Weiden ausgelöst würde.

Gerne rauchten wir dabei auch mal eine Zigarre wie die Großen, selbst gedreht von Tabakblättern, die wir aus irgendeinem Garten stibitzt und in einem Versteck zum Trocknen verwahrt hatten.

In einem kleinen Wäldchen in der Weuste fanden wir eines sonntags eine Schatzkiste, wie wir zuerst glaubten, deren Schloss wir aber erst nach vielen Hammerschlägen aufbrechen konnten. Drinnen war aber kein richtiger Schatz, wie wir uns vorgestellt hatten, sondern Gewehrmunition als Relikt des Krieges.

Das durften wir natürlich niemandem erzählen, weil man uns die Munition sofort abgenommen hätte. Wir wussten aber erst nicht so recht, was wir damit anfangen sollten, bis uns die „zündende“ Idee in den Sinn kam. In der gut ausgestatteten Werkstatt eines Nachbarhofes gelang es uns an einem Sonntag in der „None“ (Mittagsruhe) heimlich, also unbeobachtet von den Erwachsenen, einen Teil der Munition ganz vorsichtig so abzudrehen, dass wir an das für uns so vielseitig einsetzbare Schießpulver kamen. Für die Verwendung des Zündpulvers entwickelten wir noch viele skurrile Ideen.

Weil einige ehemalige Soldaten ihre Waffen nach Kriegsende in diversen Verstecken gehortet hatten, kamen wir etwas später, von welcher Herkunft auch immer, sogar in den Besitz eines Karabiners.

Obwohl noch reichlich Munition in unserer gefundenen „Schatzkiste“ übrig war, die auch zum Karabiner passte, konnten wir aber zunächst mit dem Karabiner nichts anfangen, denn angeblich erzeugte das Gewehr beim Abschuss einen gewaltigen Rückschlag und, nach mehrmaligem aufbauschendem Wiedererzählen, sogar mit Schulterbruch und Salto rückwärts! Das ließ uns jedoch wochenlang keine Ruhe, bis uns wieder einmal der Teufel ritt und wir schließlich eine echt diabolische Lösung fanden.

Weit entfernt von den Höfen banden wir den geladenen Karabiner mittels Bindfäden ganz fest an zwei eng nebeneinanderstehende Bäumchen und einen weiteren langen Bindfaden an den Abzug.

Nach langem ängstlichem Zögern klappte gleich der erste Versuch, und wir hatten fortan unsere eigene Schießanlage, aber nur so lange, wie die Munition aus unserer „Schatzkiste“ reichte. Ober et hat alltijt noch goet goan!

Zum Abendessen besuchten uns sonntags oft ältere Brüder, die schon berufstätig außer Haus waren und auch zukünftige Schwiegersöhne. Nach dem Essen spielten sie alle gerne Skat oder auch Doppelkopf mit Papa. Staunend hörten wir zu, wenn sie dabei manchmal unglaublich spannende Geschichten aus dem gerade vergangenen Zweiten Weltkrieg erzählten.

Zum Beispiel erzählte unser späterer Schwager, Büschers Ludwig, wie im Krieg, bei einem chaotischen Durcheinander in der Kampfzone, plötzlich ein russischer Soldat im Schützengraben vor ihm stand und sie beide erschrocken ihre Karabiner in Anschlag rissen, aber doch nicht schossen. Lange schauten sie sich gegenseitig prüfend in die Augen, senkten schließlich beide ganz vorsichtig ihre Gewehre und wichen langsam, Schritt für Schritt, voneinander zurück. Sie hatten sich, einander vertrauend, gegenseitig ihre noch jungen Leben geschenkt.

Auch die beiden ältesten Brüder, Hugo und Gustav, erzählten bisweilen fast unglaubliche, mitreißende und atemberaubende Geschichten von der Ostfront, wo sie dem Feind manchmal sozusagen Auge in Auge gegenüberstanden.

Papa berichtete von erbarmungslosem Artilleriefeuer auf Schützengräben und behelfsmäßig gebauten Bunkern in der sogenannten „Hölle von Verdun“, wie auch von anderen furchtbaren Erlebnissen aus seinem Militärdienst im Ersten Weltkrieg.

Diese spannungsgeladenen dramatischen Erzählungen der schrecklichen Ereignisse aus den beiden Weltkriegen verwandelten sich in meiner Fantasie zu bewegten plastischen Bildern und antizipierten mir damit gleichsam das spätere Kino.

Abenteuerliche Familiengeschichten

Meine frühe Kindheit wurde geprägt durch meine, wie ich annahm, unglaublich herausragenden Fähigkeiten.

Ich konnte nämlich das Daumengelenk so weit nach innen klappen, sodass der Daumen scheinbar mitten aus der Hand wuchs, ausgezeichnet mit der Zunge schnalzen, war schnell im „Sacklaufen" und gar der Schnellste im „Hundelaufen" (auf allen Vieren), konnte auf den Händen gehen und Kopfstand, was ich manchmal auch oben auf einer mit Gemüse beladenen Schubkarre, vom Feldgarten bis zum Hof, beweisen durfte. Oft wurde ich aufgefordert, den Kopfstand doch auch mal auf einer mit Mist beladenen Schubkarre zu versuchen, aber das könnte ich Angeber wahrscheinlich überhaupt nicht. Den Beweis bin ich schuldig geblieben. Gleichwohl war ich dann doch immer etwas beleidigt.

Meine Geschwister hatten, jede/r für sich, genauso frappante Fähigkeiten, wie zum Beispiel weit spucken, rückwärts hüpfen, mit zwei Milchkannen am Fahrradlenker schmale Pättkes fahren, stehend auf einem Pferd reiten, mit nur einem Ohr wackeln oder um alles zu toppen: sich totstellen!

Mein Bruder Gerd konnte sechs Pfannkuchen nacheinander essen, indes er zu Ostern lieber auf Pfannkuchen verzichtete und dann lieber sechs Ostereier aß. Als er noch kleiner war, hätte er aus Versehen und Unwissenheit beinahe seinen Bruder, Franz, umgebracht, als die beiden sich ein neues Spiel ausgedacht hatten.

Das Spiel hieß „Aufhängen" und sollte nach genau abgesprochenen Regeln ablaufen. Mama kam gerade noch rechtzeitig dazu, als Franz am Strick hängend mit hochrotem Gesicht nur noch röcheln konnte.

Gerd aber meinte: „Nee, nee dat gilt nich, het mut as uitgemaakt gepfiffen werden“… Den Rest kann man sich vorstellen!

Die beiden hatten als Kinder scheinbar gemeinsam nur immer Schabernack und Flausen im Kopf. Wenn sie zum Beispiel freiwillig den Garten harkten, weil sie ein schlechtes Gewissen hatten und vorausschauend für positive Stimmung sorgen wollten, fragte Mama begründet misstrauisch: „Was habt ihr beiden Lümmel denn jetzt schon wieder ausgefressen?“

Papa erzählte, dass er eines Tages unseren Hahn mit einer Schiene am Bein über den Hof humpeln sah. Franz und Gerd wurden natürlich sofort verdächtigt und auch überführt. Zu ihrer Entschuldigung erzählten sie, dass der große Hahn immer grundlos auf die Hühner gesprungen sei und sie in den Nacken gebissen habe. Das wollten sie ihm gründlich abgewöhnen. Sie hätten ihn deshalb gefangen, und dabei sei dem Hahn ein Bein gebrochen, das sie aber sofort geschient hätten. Was soll man dazu sagen!

Die beiden ältesten Brüder, Hugo und Gustav, verursachten als Erwachsene auch beinahe ein Unglück. Als sich nach Kriegsende vereinzelt ehemalige Kriegsgefangene meist nachts auf die Höfe schlichen, um sich aus schon erwähnten und vielleicht auch verständlichen Gründen zu bedienen, war man auf den Höfen aus Angst vor Einbrechern extrem angespannt.

Als Hugo eines Nachts auf der Deele Geräusche hörte und einen Dieb vermutete, schlich er mit einem Beil bewaffnet auf die Deele. Unabhängig von ihm hatte Gustav, auch bewaffnet, die gleiche Idee. Jetzt schlichen sie beide im Dunkeln, voneinander nicht wissend, auf der Deele um einen noch voll beladenen Heuwagen herum und erkannten einander gerade noch, bevor es zu spät war. Den Verursacher der Geräusche, einen ausgebüxten Schafbock, haben sie dann gemeinsam wieder zurück in den Stall getrieben.

Von meinen sechs Schwestern, die nicht durch extreme Verhaltensweisen und Eigenschaften auffielen, bleibt mir besonders in Erinnerung, dass sie uns Jungs oft überlegen waren, weil sie meist geduldiger und besonnener handelten. Wohl kann ich mich daran erinnern, dass Hedwig gewissermaßen die erste Frauenrechtlerin war, die ich als solche kennenlernte, weil sie bei ungerechter Behandlung seitens unserer Eltern, zum Nachteil der Mädchen, mutig genug war zu protestieren. Häufig nur mit Gestik und Mimik, aber manchmal auch verbal, und zwar natürlich „derbe up Platt".

In unserer Bauerschaft wurde nämlich untereinander grundsätzlich plattdeutsch gesprochen. Das Plattdeutsche hat aber eine Tücke, die mir als Kind im Hochdeutschen Schwierigkeiten bereitete, weil es keinen Unterschied zwischen dem Dativ und dem Akkusativ kennt. In meinem Fall war also der „Dativ dem Akkusativ sein Tod". Meist habe ich dann besonders schnell und undeutlich gesprochen, um meine Unsicherheit zu verbergen.

Inmitten unserer Bauerschaft, zwischen Feldern und Wiesen gelegen, war sie eigentlich eine Minischule mit nur einem Klassenraum, wirkte aber durch die angebaute Lehrerwohnung größer. Die normale Schule bis zur achten Klasse wurde damals noch Volksschule genannt.

Zum Schreiben benutzten wir Schüler eine Schiefertafel und Schiefergriffel. An der Tafel waren ein Schwämmchen und ein Lappen, zum Wegwischen des Geschriebenen, mit einem Bindfaden befestigt. Tafel, Griffelkasten, Lesebuch, Rechenbuch und das Wichtigste, nämlich das Pausenbrot, kamen in den ledernen Tornister.

In dem einen großen Klassenraum wurden gegebenenfalls sogar bis zu acht Schulklassen gleichzeitig unterrichtet, obwohl gewöhnlich die älteren Schüler morgens und die jüngeren nachmittags Unterricht hatten. Es ist mir heute noch unerklärlich, wie das so gut funktionierte.

Allerdings unterrichteten uns zwei außergewöhnlich ambitionierte Pädagogen, nämlich unser Lehrer, Herr Zurlinden, und uns Jüngere hauptsächlich unsere Lehrerin, Fräulein Kott, der ich großen Dank schulde, weil sie offensichtlich meine Zeugnisse für den guten Zweck ein wenig manipulierte, was wir damals aber natürlich nicht wussten.

Um meine Eltern, nach einigen Gesprächen vorher, gänzlich zu überzeugen, dass ich auf eine „höhere Schule“ gehöre, schrieb sie mir grundsätzlich einfach nur immer die Note „sehr gut“ ins Zeugnis, was selbstverständlich übertrieben war. Aber es hat seinen Zweck erfüllt.

Ungeachtet der damals hohen Schulgebühren, der teuren Schulbücher, Schulhefte für jedes einzelne Fach und eines Füllfederhalters, durfte ich nach den ersten vier Jahren in unserer Volksschule nach einer Aufnahmeprüfung auf eine höhere Schule, wo sich meine Noten dann wieder verschlechterten. Auf dem Gymnasium fühlte ich mich aber gut aufgehoben, obwohl ich schulfaul war.

Wenn es mal nicht so gut lief, war ich aber in der Lage, den „Blauen Brief" abzufangen und auch zu unterschreiben, denn meine Unterschrift von Papa war noch ähnlicher als seine eigene.

Bis der Tag kam, an dem ich auf keinen Fall zur Schule durfte, weil ich mal wieder meine Latein-Vokabeln nicht gelernt hatte. Ich hätte meine bis dahin gerade noch akzeptable Zensur in Latein versetzungsgefährdend verschlechtert. Bauchschmerzen waren die Lösung, schreckliche Bauchschmerzen, natürlich nur vorgetäuscht.

Unser Arzt, Dr. Kurze, ein sehr ambitionierter hervorragender Chirurg, wurde gerufen. Er untersuchte mich, indem er an verschiedenen Stellen auf meinen Bauch drückte. Als sein Ausdruck immer skeptischer wurde, schrie ich schnell „Aua". Das war wohl an der falschen Stelle, denn kurz darauf lag ich auf dem Operationstisch im Krankenhaus, wo Dr. Kurze mir kundtat, notwendigerweise ein „kleines Schnitterl" machen zu wollen.

Stante pede wurde der Blinddarm entfernt, mit dem anschließenden Befund des hohen Entzündungsgrades. Das Platzen des Fortsatzes habe durch die Operation gerade noch verhindert werden können. Nicht zu vergessen, ich hatte überhaupt keine Schmerzen gehabt, sondern wollte, aus schon erwähntem Grund, nur nicht zur Schule.

Fazit ist, dass Lügen kurze Beine haben, oder der Blinddarm kann sich blitzschnell entzünden.

Es kursierte aber auch das Gerücht, Dr. Kurze sei ein Blinddarm-Fetischist. Er sei tatsächlich erst sechs Monate als Chefchirurg in einem Lazarett an der Ostfront tätig gewesen, als General Paulus schon nach so kurzer Zeit eine Depesche mit dem folgenden Text an Hitler schicken konnte:

„Melde, 6. Armee ab heute blinddarmfrei. Verleihe, mit Ihrer Genehmigung, Dr. Kurze das Eiserne Kreuz."

Bescheiden, wie er war, lehnte Dr. Kurze die Verleihung des „Eisernen Kreuzes" ab, mit der Begründung, dass er das „Rote Kreuz" bevorzuge.

Schwierigkeiten mit der Religion bekam ich, weil ich den folgenschweren Fehler machte, als katholisches Kind die von Hugo gekauften beeindruckenden Bücher des Naturwissenschaftlers Charles Darwin und des Philosophen Immanuel Kant zu lesen, ohne sie richtig zu verstehen. Danach glaubte ich, den Namen Gottes zu kennen. Für mich hieß er jetzt „Evolution", und der Heilige Geist einerseits sowie andererseits der Teufel wirkten durch „Mutationen".

Meine Gedanken wurden farbig und umschwirrten meinen Verstand wie Sterne und Materiewolken das Schwarze Loch im Inneren unserer Galaxie. Auf den Heiligenbildern in der Kirche waren die Gedanken der Heiligen, wie mir damals schien, abstrahierend als Heiligenschein dargestellt. Die waren aber hell oder sogar golden, aber die Gedanken, die meinen Verstand umkreisten, waren farbig wie ein Regenbogen. Am dunklen Rand meines Gedanken-Regenbogens tauchten seltsame Fragen auf. Wieso legte ein erhabener, allmächtiger und allwissender Gott so viel Wert darauf, möglichst viel angebetet zu werden? Mit gefalteten Händen einmal stehend, dann kniend und wieder sitzend. Dieser Anspruch war doch widersprüchlich zu seiner göttlichen Erhabenheit.

Solche Gedanken bewirkten bei mir einen inneren Kampf um meinen Glauben und mündeten in Ratlosigkeit. War ich jetzt ein Atheist? In meinem streng katholischen geistigen Bezugsrahmen schien mir ein Atheist so undenkbar wie ein Verräter am Glauben und ein Judas wollte ich nicht sein. Aber immer wieder tauchten neue quälende Fragen auf, die ich zur damaligen Zeit mit niemandem aus meinem Umfeld erörtern konnte. Wieso gab es eigentlich so viele verschiedene Religionen, und wer hatte recht? Nicht viele, sondern nur eine Wahrheit konnte es geben.

Als ich später von diversen Theorien über „Dunkle Materie“ oder „Kosmische Strings“ als Ursache von einigen unerforschlichen Gesetzmäßigkeiten des Universums erfuhr, glaubte ich auch eine Erklärung für die Vielzahl der Religionen gefunden zu haben. Vielleicht verhielt es sich mit den vielen Religionen so wie mit diesen diversen Theorien vom Universum, jeweils mit einer großen Anzahl von „Gläubigen“. Diese Thesen widersprachen sich jedoch und waren deshalb möglicherweise alle für die Katz, weil wir das Wesen der allumfassenden Gravitation grundsätzlich noch nicht verstanden haben, sowie wir auch das Wesen Gottes nicht verstehen.

Jesus, der für mich visionärste aller Religionsstifter, wenn auch vielleicht ein wenig narzisstisch, gebührte jedoch mein unbegrenzter Respekt. Um seine Lehren und Thesen zu verkünden, benutzte er so oft Gleichnisse, weil Worte nicht ausreichen, die Gedanken eines so weit herausragenden Geistes für andere begreifbar zu machen. Außerdem dienen Worte zwar der Übermittlung von Gedanken, werden aber andererseits durch Weitererzählen häufig verfälscht, während Gleichnisse in ihrer Aussage unmissverständlich bleiben.

Der Kirchenbesuch, dem ich in meiner streng katholischen Umgebung kaum ausweichen konnte, kam mir bisweilen vor wie ein feiges Versteckspiel, indem ich mich verzagt entgegen meiner Überzeugung so verhielt, wie es von mir erwartet wurde. Andererseits erschien mir der Kirchgang auch als festliches Brauchtum und versöhnlicher Akt zum Segen für der Eintracht in der Gemeinde. Aus vielschichtigen Gründen war das, so kurz nach der Nazizeit und dem daraus folgenden grausamen Kriegsgeschehen, besonders wichtig.

Einen Glauben an ein übergeordnetes Wesen, also Gott, hatte ich offenbar wohl doch, wie folgende Episode aus meiner Kindheit belegt:

Papa schenkte mir zum Geburtstag tatsächlich ein Taschenmesser. Das war außerordentlich überraschend für mich, weil er damals ja wohl kaum jedem seiner vierzehn Kinder zum jeweiligen Geburtstag ein teuer gekauftes Geschenk machen konnte. Deshalb steckte er mir das Geschenk auch wohl, ohne viel Bohei und Brimborium, einfach mit einem Augenzwinkern und einem Glückwunsch in die Tasche.

Glücklich und stolz lief ich mit meinem geschenkten Messer durch unsere Bauerschaft, damit möglichst viele das für mich so wertvolle Geschenk auch sahen. Unterwegs schnitt ich natürlich hier und da einen Zweig ab, um mein tolles Taschenmesser zu testen. Begeistert stellte ich dabei fest, dass es das beste Messer der ganzen Welt war. Bestimmt war es noch schärfer als jenes Bowie-Messer, das Old Shatterhand seinem Blutsbruder, Winnetou, geschenkt hatte.

Als ich dann aber mein Messer nach einer Weile mal wieder benutzen wollte, war es aber nicht mehr in meiner Hosentasche. Es war einfach weg, verschwunden, nicht mehr zu finden. Wo hatte ich zuletzt damit geschnitten? Wo war das noch mal? Sehr lange suchte ich erfolglos und war schließlich total verzweifelt. Ohne mein neues Taschenmesser nach Hause zu kommen, war ja schier undenkbar. Oh Gott, oh Gott, welch schrecklich peinliches Malheur!

Ja … nur Gott, so schien mir, konnte mir jetzt noch helfen, wie ich auch gleich erleben sollte.

Als ich nämlich schlussendlich entmutigt und hoffnungslos die offensichtlich aussichtslose Suche aufgeben wollte, fand ich einen von mir selbst vorher abgeschnittenen Zweig, den ich als Pfeil zugespitzt hatte. Mit einem Stoßseufzer zu Gott und vorsichtshalber noch einem kleinen Gebet dazu warf ich den pfeilähnlich zugeschnittenen Zweig so hoch ich konnte, damit Gott mir den Weg zeige, wo ich jetzt in meiner elenden Not noch suchen sollte. Unglaublich, Gott sei Dank fand ich jetzt mein geschenktes Messer nicht weit entfernt in der Richtung, die der Pfeil mir vorgab, als er wieder zu Boden gefallen war. Also gab es doch einen Gott, folgerte ich an jenem Tag daraus.

Bei meinem Bruder Hugo hinterließ die Lektüre der von ihm selbst gekauften schon erwähnten Büchern eine ganz andere, aber auch exotisch eigenwillige Wirkung. Als Jugendlicher grüßte er Bekannte manchmal nicht mehr. Auch wenn die freundlich grüßten, erwiderte er fallweise den Gruß nicht. Von Papa darauf angesprochen, meinte er, dass es doch wohl nicht vernünftig sei, jemandem einen guten Tag zu wünschen, wenn er ihm gegebenenfalls genau das Gegenteil wünsche. Hier hatte er wohl die Kritik der reinen Vernunft von Immanuel Kant missinterpretiert und, genau wie ich, einige Dinge falsch verstanden.

Eine weitere fixe Idee entwickelte er, indem er über einen längeren Zeitraum kein Geld mehr ausgab. Er nahm überhaupt kein Geld mehr mit, keinen Pfennig, wenn er das Haus verließ. Er wollte nichts mehr haben, das Geld kostet, weil das gegen die Natur der Dinge sei. Möglicherweise war diese Attitüde aber gar nicht von den Schriften beeinflusst, sondern vielleicht hatte er auch ein kleines Faible für die unkonventionelle Lebensauffassung unseres Clochards, Dicke Willm, der ja auch kein Geld mit sich trug.

Viele Ereignisse, die Erwachsenen banal erscheinen, können für ein Kind jedoch interessant und auch bedeutsam sein.

Meine Schwester Mia pflanzte mit mir ein Tomatenbäumchen in unserem Garten. Im nächsten Jahr konnte ich erwartungsvoll beobachten, wie „mein" kleines Tomatenbäumchen Früchte entwickelte. Bald durfte ich erstmalig in meinem Leben eine für mich so fremdartig schmeckende Tomate essen. Unser Tomatenbäumchen war für mich so exotisch, weil damals sonst niemand in unserer Nachbarschaft ein solches Bäumchen hatte.

Darüber hinaus wuchsen bei uns noch andere seltsame Bäume mit exotischen Früchten, nämlich ein orientalisch anmutender Mispelbaum und ein gewaltiger Korinthenbaum. Um in den großen Baum mit den süßen Korinthen klettern zu können, musste ich aber noch etwas wachsen.

Wir Jungs wurden allesamt sogar exzellente Kletterer, weil wir mit anderen Jungs aus der Bauerschaft wetteiferten, wer am Ende der Brutzeit im Sommer die meisten und buntesten Vogeleier aus den Nestern, häufig hoch in den Bäumen, gesammelt hatte. Das durften wir, aber um Gottes willen keine

Eier von „nützlichen“ Singvögeln, nur von den damals sogenannten „unnützen“ Vögeln.

Als solche galten alle Greifvögel und Rabenvögel wie Kreien (Krähen), Ekstern (Elstern) und Eichelhäher. Die waren bekanntlich so unnütz, dass man gar nicht recht wusste, warum Gott sie erschaffen hatte.

Von umstrittenen Vögeln wie die Schellekstern (Misteldrosseln), die vier bis sechs Eier legten und nur verdächtig waren, weil das Ekster im Namen stand, nahmen wir auch nur das zweite und dritte Ei. Da sie besonders schlau waren und bis vier, einige sogar bis sechs zählen konnten, legten sie dann einfach weitere Eier zur Brut. Wildtauben hingegen konnten offensichtlich nicht mal bis drei zählen und legten demzufolge auch immer nur zwei Eier in ihr erbärmlich nachlässig gebautes Nest. Nützlich waren Tauben aber einmal gewesen, indem sie einen Zweig als Zeichen für das Vorhandensein von Land nach der Sintflut zu Noahs Arche brachten.

Hatten wir deshalb oft ein prekäres Gefühl beim Taubeneierklau? Damit die gesammelten Vogeleier auch bis zum Ende der „Vogeleier-Suchsaison“ hielten und nicht stanken, pickten wir sie an den Enden auf, bliesen sie aus, reihten sie wie eine große bunte Perlenkette auf, hängten sie auf und betrachteten sie hingerissen immer wieder voller Besitzerstolz.

Die Farbigkeit meiner Gedanken war jedoch blass, gegenüber dem Farbenspektakel der Fantasiewelt meines Bruders Franz. Nach unzähligen wilden Bubenstreichen, meistens gemeinsam mit meinem Bruder Gerd erlernte Franz nach Schulabschluss das Bäckerhandwerk. Das war offenbar ein Fehler, denn Franz war vermutlich beeinflusst von nachfolgendem Satz, den Mama gelegentlich, ob wir es hören wollten oder auch nicht, erzählte: „Mein Bruder Heinrich hat auch erst nur Bäcker gelernt, und er hat es doch zum Bundestagsabgeordneten gebracht".

Möglicherweise schwebte dieser Satz wie ein Damoklesschwert dauernd über Franz' Gedanken und sein Tun, indem er stets nach Höherem und Besserem strebte, aber das Bessere ist oft des Guten Feind.

Obwohl er als Bäckergeselle sehr gut und auch beliebt war, wechselte er unstetig mehrmals den Arbeitgeber. Bezeichnenderweise bis zu einer Bäckerei in Mesum, wo er schon ganz nahe am Hof des „berühmten" Onkel Heinrich war, der sich im Nachbarort, Elte, geschickterweise auf einen Bauernhof eingeheiratet hatte. Wichtig bei der Wahl eines neuen Betätigungsfeldes war für Franz aber auch, dass ein Bach oder ein anderes Gewässer in der Nähe war, denn er pflegte gelegentlich, meist nachts, in kaltes Wasser zu springen, auch wenn er im Winter vorher das Eis aufhacken musste. Der Grund blieb uns verborgen, war aber wohl vom Gedankengut des damals viel gepriesenen Pfarrers und Hydrotherapeuten, Sebastian Kneipp, beeinflusst. Die Kneippkuren halfen auch nicht weiter, und er meldete sich zur französischen Fremdenlegion an, kam aber nicht dorthin, weil er irgendwo unterwegs angeblich beim Tabak Klauen auf einem Feld erwischt wurde. Vielleicht war es auch kein Tabakfeld, sondern ein Hanffeld. Die Polizei brachte ihn wieder zu uns nach Hause.

Jetzt hatte er die Schnauze voll, jedoch eine neue beeindruckende glorreiche Idee. Franz ging als Mönchsanwärter ins Kloster, wo er tatsächlich auch einige Wochen durchhielt, bis zu seiner Feststellung, dafür doch nicht geboren zu sein. Aber wie kam er aus dieser Nummer wieder raus, ohne sein Gesicht zu verlieren, denn das durfte einem Twenhusener Jungen schon mal gar nicht passieren. Beim

Gemeinschaftsgebet im Kloster umfallen und sich dann totstellen, wie als Kind schon oft spielerisch geübt, konnte die Lösung des Problems sein. Gedacht, getan und am nächsten und übernächsten Tag wiederholt. Die Mönche brachten ihn wieder zu uns nach Hause.

Schon bald darauf bekamen auch wir die Gelegenheit, seine unglaublich hohe Kunst des „Totstellens“ zu bewundern. Nach einigen „Kloster-Erholungstagen“ musste er nämlich bei einer Dachreparatur unserer Scheune helfen, und er rief mir von oben zu, einen Hammer zu holen. Er sagte Hammer holen und nicht Hammer suchen, wie Papa oft begründet sagte. Als ich deshalb lustlos herumnörgelte, dass ich den Hammer ja erst mal suchen müsse und ihn dann sowieso nicht finden würde, warf er mir ein Stück Dachlatte ins Kreuz, um seiner Aufforderung Nachdruck zu verleihen. Die Wirkung hatte er wohl etwas unterschätzt, und aus Angst vor Konsequenzen sprang er vom Dach herunter und lief, so weit ihn die Füße trugen, in unsere sogenannte Weuste. Als meine älteren Schwestern ihn nach längerem Suchen fanden und ins Haus zurückbrachten, fiel er plötzlich in der Stube um und war scheinbar tot. Seine Augenlider bewegten sich minutenlang nicht, und sein Atem war kaum mehr spürbar.

Papa kannte aber seinen Pappenheimer und traute deshalb dem Anschein nicht. Bekleidet mit Landschuhen und Gamaschen ging er, Franz genau im Auge behaltend, festen Schrittes mehrmals um ihn herum, bis Franz dann doch mit den Augenlidern blinzeln musste. Ein leichter Tritt in den Hintern und Franz sprang auf, um wieder in die Weuste zu rennen. Erstaunlich gut gelaunt kehrte er nach einigen Stunden wieder zurück und informierte uns darüber, dass er nachgedacht hätte und zu dem Entschluss gekommen sei, nach Kanada auszuwandern.

Auf Mamas Einwand, dass wir doch gar nicht so viel Geld hätten, um eine so weite Reise bezahlen zu können, erklärte er: „Dann schreibe ich eben ein Buch und verkaufe es, habe ich mir überlegt".

Er schrieb sogar zwei sogenannte Groschenromane, die auch verlegt wurden und sich damals in der Nachkriegszeit tatsächlich gut verkauften: „Schatten über Wildenburg" und „Der Teufel geht um".

Mit der „Seven Seas" schipperte er dann über den Atlantik nach Kanada, hieß nicht mehr Franz, sondern Frank und gründete dort die „Frank's Bakery Calgary".

Als einige Jahre später auch Heiner gemeinsam mit Ludwig nach Kanada auswanderte, kaufte er sogar noch eine Ranch, die Heiner als gelernter Landwirt bewirtschaftete und nachfolgend übernahm.

Das Leben, oder mehr die Freizeitgestaltung, meines Bruders Ludwig wurde wahrscheinlich auch durch einen unbedacht hingesagten Satz, zu dem ich noch komme, beeinflusst. Nach dem Schulabschluss kam Ludwig, vor Berufseintritt in das Malerhandwerk, zunächst zur „körperlichen Ertüchtigung" als Eleve auf einen benachbarten Bauernhof. Als er einmal auf dem Acker des Nachbarn hinter dem Pflug ging, konnte ich ihn von unserem Hof aus in der Ferne sehen und verspürte dabei ein tiefes Gefühl der Melancholie, weil mir auf diese visuelle Weise bewusstwurde, dass er jetzt endgültig nicht mehr bei uns wohnte.

Gemeinsame Spiele und Erlebnisse mit Ludwig auf unserem Hof waren jetzt endgültig Vergangenheit. Nachts würde er auch nicht mehr im Bett nebenan in der gemeinsamen Kammer schlafen, und er würde uns drei jüngeren Brüdern auch keine meist lustigen Geschichten mehr vor dem Einschlafen erzählen.

Wie das Schicksal es aber fügte, teilten wir uns zwölf Jahre später in unserer gemeinsamen Wohnung in der Stadt Calgary in Kanada wieder auf Zeit ein Schlafzimmer.

Andere Geschwister hatten vor ihm Haus und Hof auch schon verlassen, um einen Beruf zu erlernen. Das hatte ich aber zum jeweiligen Zeitpunkt in der Konsequenz noch nicht so deutlich wahrgenommen, weil ich wohl noch zu jung war, um es als Endgültigkeit zu verstehen.

Zum allgemeinen Erstaunen begann Ludwig schon auf dem Nachbarhof Bilder mit Ölfarbe auf Leinwand zu malen. Das erste Gemälde, Reh im Wald, bekam dann natürlich bei uns in der „Guten Stube“ einen bevorzugten Platz, sodass es auch jeder Besucher gleich sehen konnte. Kaum hing das Bild, als ein Freund des Hauses, ein professioneller Künstler, uns besuchte und sofort von Mama zur Begutachtung des Gemäldes aufgefordert wurde. Dieser hochnäsige Künstler bemerkte nur: „Was soll das sein, ein Dromedar vielleicht?“ Nun hatte ich zum ersten Mal in meinem jungen Leben einen arroganten, blasierten Menschen kennengelernt, denn solche Menschen gab es bei uns in Twenhusen meines Wissens nicht.

Ludwig malte, sicher auch animiert von dieser Intoleranz, jetzt erst recht weiter Landschaftsbilder, die später mit den Jahren immer besser wurden. Nach einem Jahr Eleven-Dasein wurde er ein guter und einfallsreicher Malergeselle, zunächst in unserem Dorf, Recke, tätig und dann im hohen Norden Deutschlands, was Mama gar missfiel, weil dort die Menschen ja meist evangelisch waren und er somit in einer „Diaspora“ leben musste.

Er hat es überlebt und schipperte später zusammen mit meinem Bruder Heiner über den großen Teich nach Kanada.

Dort erlernte er in Franz' Bäckerei, die „Frank's Bakery Calgary", auch noch zielorientiert und gründlich das Bäckerhandwerk, um danach selbst die „Four Star Bakery" zu gründen, die er viele Jahre erfolgreich führte.

Beim Auftrieb der Schweine, vom Stall über den Hof zur Schweineweide, lief schon mal ein Läufer (Jungschwein) an der Eingangspforte vorbei in Richtung unseres Bunkers, direkt neben der Schweinewiese.

Warum eigentlich immer noch zum Bunker, fragte ich mich als kleiner Junge verwundert, denn ich hatte doch gar keinen Fliegeralarm gehört, und außerdem war der Krieg ja auch schon vorbei, aber das wussten die jüngeren Schweine wohl noch nicht.

Dann bekam mein nächst älterer Bruder, Heiner, manchmal einen für uns alle unerklärlichen Panikanfall und warf sich auf das entfliehende Schwein, hielt sich krampfhaft an den Hinterpfoten fest und ließ sich mitschleifen, bis das Schwein aufgab.

Heiner wurde aber nicht Schweinehirt, wie man daraufhin glauben mochte. Wie sein Vater erlernte er den Beruf Landwirt und auch noch Milchkontrolleur sowie Rinderzucht-Wertschätzer. Wenn wir ein Bullenkalb als Zuchtbulle aufzogen, war er, als zu der Zeit noch zukünftiger Hoferbe, für die besondere Fütterung und Pflege zuständig. Vor der Versteigerung bürstete er den Zuchtbullen und kaschierte Schwachstellen am Körperbau, indem er die Haare an den jeweiligen Stellen hochkämmte und an anderen Stellen mit einer Schere kürzer schnitt.

Durch seinen geschickten Umgang mit Pferden entwickelte er sich zum „Pferdeflüsterer" wie ein richtiger Cowboy. Dazu ist mir noch in Erinnerung geblieben, dass Heiner an einem Sonntagmorgen nach dem kirchlichen Hochamt ein

Pferderennen, im Wettstreit unter den Bauern der Nachbarschaft, auf unserem Zugpferd Flora, zur Überraschung aller gegen das neu gekaufte Vollblut-Reitpferd unseres Nachbarn gewann und dafür begeistert gefeiert wurde.

Heiners extrem verwegener Reitstil beeindruckte mich damals so sehr, dass ich eine Skizze von seinem Ritt auf Flora in mein Schulheft zeichnete.

Trotz seiner Fähigkeiten als „Pferdeflüsterer" schaffte er es jedoch nicht, unsere Flora zum Springpferd zu ertüchtigen. Mehrfach versuchte er, Flora dazu anzuleiten, über den höhenverstellbaren Querbalken vor unserem Feldgarten zu springen, aber es brachte nichts.

Reinhold, mein jüngerer Bruder, ist mir besonders gut in Erinnerung, weil ich mit ihm und Heiner aus Altersgründen oft zusammen war. Er wurde Friseur mit späterem eigenem Friseursalon. Couragiert, unverzagt und zuversichtlich war ihm das aber nicht genug und er beteiligte sich später, nach Verkauf des Friseursalons, deshalb an anderen kleinen Unternehmungen. Schließlich sei er Unternehmer und kein Unterlasser, meinte er.

Irgendwann war die Zeit der unbeschwerten lausbübischen und auch abenteuerlichen Art zu spielen vorbei, wie auch meine grandiose Kindheit auf unserem Hof auf dem platten Land in Recke Twenhusen. Meine älteren Geschwister konnten aber wahrscheinlich ihre Kindheit, weder in der Nazi-Vorkriegszeit noch während des Kriegsgeschehens, so frei und unbeschwert gestalten, wie es uns jüngeren von vierzehn Geschwistern in der Nachkriegszeit vergönnt war.

Auf mich warteten noch viele bizarre und fantastische Abenteuer mit meinen drei Brüdern in Kanada, von denen ich zum Abschluss unserer Familiengeschichte noch erzählen will.

Hofaufgabe und Neubeginn in Kanada für einen Teil der Familie

Als mehrere der älteren Kinder nicht mehr zu Hause wohnten, haben unsere Eltern den Bauernhof aufgegeben, weil zu wenig Landbesitz zum Hof gehörte. Auch der Zins für das zusätzlich gepachtete Land wurde teurer, und deshalb war unser Hof nicht mehr zukunftsfähig.

Am Rande des Dorfes kauften sie ein Grundstück und ließen ein Wohnhaus mit einem kleinen Stallgebäude darauf erbauen, weil Papa doch zu sehr Bauer war, als dass er die Landwirtschaft ganz aufgeben konnte. Unbedingt wollte er Pferd und Wagen, zwei Kühe, zwei Schweine sowie ein paar Hühner behalten, obwohl das aufgrund der Kosten für das Stallgebäude wahrscheinlich unwirtschaftlich war. Zudem hatte er ja auch noch seinen Zweitberuf als Milchkontrolleur.

Da Heiner, als gelernter Landwirt und Viehzuchtexperte, unseren Bauernhof also nicht erben konnte, wanderte er zusammen mit Ludwig nach Kanada aus. Auch mit dem Ziel, dort irgendwann eine kleine Ranch zur Viehzucht zu erwerben.

Unser Bruder Frank wartete in Kanada schon sehnlichst auf die beiden. Er hatte auch schon geschrieben, dass es in Kanada durchaus möglich sei, eine erweiterungsfähige Ranch günstig zu kaufen. Land sei dort ja genug vorhanden und der Kauf von Land für landwirtschaftliche Zwecke würde vom kanadischen Staat sogar gefördert.

Heiner heißt jetzt Henry und ist tatsächlich inzwischen stolzer Besitzer der von Frank gekauften Ranch in James River Bridge.

Den wirklich interessanten Werdegang meiner drei Brüder in Kanada konnte ich selbst miterleben, indem ich sechs

Jahre lang in Kanada mit ihnen zusammenarbeitete. Als nämlich das Studium, nach meiner Volontärzeit mit Abschluss im Baugewerbe zu Anfang der 1960er-Jahre in Deutschland auch wegen der Verteuerung von Wohnungen in den Städten unbezahlbar für mich wurde, entschied ich mich für einen mehrjährigen Aufenthalt in Kanada. Dort könnte ich hinreichend Geld sparen, versicherten mir meine Brüder, Frank, Ludwig und Henry, die ja schon in Kanada waren und dort recht gut verdienten, wie sie berichteten. Unter den damaligen Verhältnissen in Deutschland würde ich mein Berufsziel, Architekt zu werden, sonst wohl nie erreichen.

Außerdem hatte ich auch noch so gut wie nichts von der Welt gesehen. Bücher, in denen von fernen Ländern erzählt wurde, hatte ich reichlich und fasziniert gelesen, aber ich kannte außer den Städten Ibbenbüren, Osnabrück und Münster nur mein Heimatdorf, Recke und Umgebung. Weiter war ich mit meinem Fahrrad eigentlich nicht gekommen.

Jetzt wollte ich mir den Traum erfüllen, den Atlantischen Ozean zu überfliegen und dann in Kanada die weiten Prärien, die zahllosen Seen, die schier endlosen Wälder sowie die Rocky Mountains nicht nur zu sehen, sondern auch richtig zu erleben.

Zwei wichtige Gründe drängten mich also zu dem Entschluss, ein paar Jahre in dem großen Land der vielfältigen Möglichkeiten zu leben. Mir war bewusst, dass ich mit diesem Vorhaben viel verlieren würde, indem ich einen Teil meiner Seele zurücklassen musste. Andererseits war ich aber begierig darauf, diesen Teil der fernen weiten Welt kennenzulernen. Eines Tages würde ich zurückfinden, um wieder Anschluss zu finden an meine paradiesische Zeit in Recke.

Mein Bruder Gerd, der ein Auto besaß, brachte mich zum Flughafen Hannover zur Abreise nach Kanada. Schon im Flughafen wollte ich mir eine „weltmännische Attitüde“ angewöhnen, wie ich es in einigen Filmen gesehen hatte, kaufte Zigaretten und steckte mir lässig eine an. Als ich dann eine vorbeieilende Stewardess fragte, wo denn wohl ein Aschenbecher stehe, antwortete sie nachsichtig lächelnd, ich solle doch einfach den „großen“ nehmen, den ich aber nicht finden konnte.

Jetzt kam ich Angeber mir gar nicht mehr weltmännisch vor, sondern eher wie der letzte Dorftrottel. Ich musste die Sache doch wohl anders angehen. Einen Platz in dieser Welt zu finden, konnte also nicht bedeuten, irgendwelchen juvenilen Vorstellungen nachzulaufen.

Mein Flug nach Kanada in einer viermotorigen Propellermaschine, mit Zwischenlandungen zum Auftanken in Amsterdam und dann in Gander auf Neufundland, war aufregend und interessant. Der Flughafen Gander bestand aus einigen Landebahnen, einem Tower und einem weitläufigen barackenähnlichen Gebäude, in dem überall Passagiere, sichtbar aus vielen Nationen, mit Mänteln zugedeckt auf Holzbänken saßen oder auf dem Boden lagen und zum Teil schliefen. Zudem war es im April noch eisig kalt auf Neufundland, und ich kramte deshalb meinen Mantel aus dem Gepäck. Um zum Essbereich zu gelangen, musste ich vereinzelt über am Boden Schlafende hinweg steigen, aber es lohnte sich. Mein bestelltes Westernsteak war so groß wie der Pfannkuchen aus unserer größten Pfanne zu Hause, jedoch inchdick.

Es war ein Fehler, das Riesensteak zu essen, denn der Weiterflug nach Montreal mit der Propellermaschine erwies sich als das furchtbarste Ereignis meines bisherigen Lebens. Mindestens eine Stunde lang flogen wir durch eine gewaltige

Schlechtwetterfront, die mit unserer Propeller-Flugmaschine lustig spielte wie mit einem Papierfetzen. Aber es war nicht lustig und keiner lachte, sondern alle an Bord kotzten in ihre Tüten.

Nur ich konnte das nicht, obwohl mein voller Magen total verkrampfte, denn mir war so übel, dass mir selbst zum Kotzen zu schlecht war. Aus Verzweiflung betete ich sogar zu Gott, nicht um uns zu retten, sondern das Flugzeug einfach abstürzen zu lassen, damit endlich Schluss sei. Gott erhörte mein Gebet aber nicht und wir stürzten nicht ab, sondern landeten schließlich doch in Montreal, wo das Flugzeug gewechselt wurde und wir mit einem Jet nach Calgary weiterfliegen durften. Ich war aber noch so durch den Wind, dass ich den Shuttlebus, der uns zum Startplatz des neuen Fliegers am anderen Ende des Flughafens bringen sollte, verpasste. Mit einer Tafel Schokolade, die ich auf Neufundland gekauft hatte, in der Tasche, musste ich jetzt zu Fuß um den halben Flugplatz laufen. Im Gegensatz zum kalten Wetter in Gander war es in Montreal aber richtig heiß. Meine Schokolade in der Tasche begann zu schmelzen und lief schon an der Hose runter, als ich am Startplatz ankam, und entsprechend war mein Befinden.

Der Weiterflug nach Calgary im Jet war aber dann unglaublich eindrucksvoll, weil ich die weiten grandiosen Landschaften der Provinzen Ontario, Manitoba, Saskatchewan und dann Alberta aus dem Flugzeug optimal genießen konnte.

Zu meinem Erstaunen waren die Entfernungen zwischen den Städten und auch zwischen den Dörfern, die wir vom Flugzeug sehen konnten, noch viel größer, als ich angenommen hatte, und zwar geschätzt 50 km zwischen den Dörfern und 500 km zwischen den Städten.

Beim Landeanflug über Calgary glaubte ich jedoch, im falschen Flugzeug zu sitzen. Von oben sah ich eine Stadt, die für mich aus dem Flugzeug aussah wie eine riesengroße Kirmes unter uns. Die Hausdächer glänzten in allen möglichen Farben, und Autos, die wir vom Flugzeug auch schon ausmachen konnten, waren genau so bunt. Ich kannte doch nur braune, rote oder graue Dächer, und die Autos zu Hause waren, bis auf einige grüne, meist schwarz oder grau gewesen.

Der Flughafen von Calgary war, im Gegensatz zu dem in Gander auf Neufundland, unglaublich imposant. Frank, der älteste meiner drei Brüder in Kanada, der schon vor Ludwig und Henry ausgewandert war, holte mich vom Flughafen in Calgary ab. Seine Begrüßung war sehr herzlich und seine ehrliche Freude war ihm deutlich anzusehen. Wie ich wusste, war er inzwischen stolzer Besitzer seiner boomenden

„Frank‘s Bakery“, und wie ich jetzt feststellen konnte, schon ein richtiger Canadian, der sich um die Meinung anderer einen Dreck schert, sondern das eigene Ich als Maßstab der Dinge sieht, aber nichtsdestoweniger auch gerne freundlich behilflich ist.

So stand er jetzt vor mir, freudig grinsend und nicht, wie man denken mag, in gutem Anzug und geschniegelt, sondern in Bäckerkleidung und alten Schlappen an den Füßen. Fröhlich lachend und erzählend fuhr er mich mit seinem alten Chevrolet, dessen Frontscheibe wegen eines Loches teilweise mit Pappe zugeklebt war, zu unserer gemeinsamen Wohnung in unmittelbarer Nähe der City of Calgary. Dort angekommen, warteten die beiden anderen Brüder, Ludwig und Henry, schon auf uns. Sie hatten ein Begrüßungsessen vorbereitet, und eine Flasche Canadian Whisky sowie eine Flasche Bols, ein hochprozentiger Likör für Frank, standen auch bereit.

Es wurde noch ein interessanter und feuchtfröhlicher Tagesabschluss, an dem ich natürlich vom Rest unserer Familie aus der Heimat viel zu berichten hatte. Nachdrücklich bekräftigten wir die Absicht, unsere gemeinsame Zukunft in Kanada durch enge Zusammenarbeit an die grandiose Zeit auf unserem Hof in Recke Twenhusen anzuschließen.

Frank und Ludwig mussten aber nachts noch zur Bäckerei in einem Industriebereich der Stadt fahren, um mit einigen angestellten Gesellen in der Frank‘s Bakery die Backwaren für den nächsten Tag herzustellen. Henry hatte etwas mehr Zeit, aber auch er musste früh am nächsten Morgen zur Bäckerei, weil er für die Auslieferung der Backwaren zuständig war.

Weil die Bäckerei, bedingt durch hohe Nachfrage nach Franks Brot, Brötchen und allerlei Gebäck, aus allen Nähten platzte, hatten meine Brüder schon sehnlichst auf mich als Baufachmann gewartet. Die Erweiterung der Frank's Bakery um einen Lager- und Speditionsbereich wurde meine Aufgabe, die wir am nächsten Tag, nach einer kurzen Stadtbesichtigung mit Henry zur Orientierung, unverzüglich in Angriff nahmen, indem wir die Größe der neuen Halle festlegten und absteckten. Mit langwierigen Baugenehmigungen hatte man damals in Calgary noch nicht viel im Sinn, sonst wäre die Stadt auch wohl nicht in wenigen Jahren um mehrere hunderttausend Einwohner gewachsen.

Alles lief gut während der Bauzeit, außer einem kleinen Malheur bei der Materialbestellung. Als ich Kalk und Sand für den Innenputz beim Baustoffhändler ganz in der Nähe bestellen wollte, meinte Frank, er möchte das wegen der „Preisfindung" selber machen. Meinen Hinweis, auch die richtige Kalksorte zu bestellen, weil es auch ungelöschten Kalk gäbe, den man einen Tag vor Gebrauch mühsam in Wasser einsumpfen muss, argumentierte er weg, indem er mich lachend belehrte: „Robert, du bist jetzt in Kanada, nicht mehr in Old Germany. Solche althergebrachten Baustoffe gibt es hier schon lange nicht mehr."

Mir stand es als Greenhorn auch nicht zu, die Aussage eines inzwischen schon einheimischen alten Hasen in Zweifel zu ziehen.

Kalk und Sand wurden am nächsten Tag auch prompt angeliefert, und ich konnte schon eine Wand damit verputzen. Mir schien aber, als ob der frische Putz an der Wand langsam warm wurde. Es konnte aber auch an der prall scheinenden Sonne liegen, wie Frank meinte.

Als wir am nächsten frühen Morgen wieder an der Bäckerei ankamen, war kein Putz mehr an der Wand, kein Deut mehr. Es war also doch ungelöschter Kalk gewesen, der in der

Nacht mit dem Anmachwasser den wärmeerzeugenden chemischen Prozess in Gang gesetzt hatte und jetzt am Boden lag. Zu den grinsend herumstehenden Bäckereiangestellten meinte Frank nonchalant, das wäre halt ein typischer Greenhorn-Fehler von mir. Zur Strafe für diese Unverschämtheit musste er selbst den restlichen Kalk zum weiteren Verbrauch mühsam einsumpfen. Darauf bestand ich, verzichtete aber darauf, ihm zu erklären, der Kalk müsse barfüßig stampfend eingesumpft werden, denn sonst hätte er nämlich verdientermaßen sehr heiße Füße bekommen.

Während der Bauzeit beobachtete ich die Organisation des Betriebes und den Vertrieb der Backwaren genau. Nach Fertigstellung des Vertriebsgebäudes wollte ich im Verkauf der Waren tätig werden, um auch in den großen Supermärkten vertreten zu sein. Frank wollte dann auch gleich ein neues Auslieferungsfahrzeug für die Bäckerei kaufen. Zu diesem Zweck fuhr er zu Gustav, dem Besitzer der von uns favorisierten Autowerkstatt, auch spezialisiert auf deutsche Importautos.

Wir waren sehr skeptisch, denn Frank hatte trotz seiner genialen Tüftlerqualitäten einfach keinen Sinn für Autos, und seine Verhandlungsmethoden kannten wir hinlänglich. Immer wenn Frank um Preise „hart verhandelte“, kam grundsätzlich erst einmal eine Flasche hochprozentiger Bols auf den Tisch. Die Verhandlung mit Gustav zog sich hin.

Mitternachts kam Frank zurück und auf unsere Frage, ob er bei Gustav ein passendes Lieferfahrzeug gefunden hätte, antwortete er wie immer freudig strahlend, aber mit recht undeutlicher Aussprache: „Habe gleich zwei tolle Lieferwagen gekauft, weil der Preis durch harte Verhandlung mit Gustav unglaublich günstig ist.“

„Welche Automarken denn, und wie sind die so?“

„Viel Platz im Laderaum und trotzdem handlich und wendig. Die Marke habe ich vergessen, es ist irgendein Name aus der Bibel.“

Uns fiel kein Name aus der Bibel ein, der zu einem Auto passte, und wir fragten: „Haben sie denn Sechs- oder Achtzylindermotoren?“

„Hat Gustav nicht erwähnt, aber sie brauchen kaum eine Gallone Sprit am Tag, hat er gesagt.“

„Das ist ja schier unglaublich.“

„Ihr werdet es ja sehen, wenn ihr sie morgen abholt“.

Am nächsten Tag bei Gustav war Henry einem Nervenzusammenbruch sehr nahe, weil es sich nämlich um exotische deutsche Lieferwagen der Marke Goliath handelte. Zugegebenermaßen waren die Laderäume angenehm groß. Eigentlich bestanden die Lieferwagen nur aus Laderaum und einer kleinen Fahrerkabine, wie uns schien, denn einen Motor konnten wir erst gar nicht finden. Gustav konnten wir nicht fragen, weil er sich vermutlich irgendwo in seiner Werkstatt versteckt hatte, als er uns sichtete. Die zweizylindrigen Motoren waren nämlich so klein, dass sie unter den Sitzbänken, die als Fahrer- und Beifahrersitz dienten, versteckt eingebaut waren. Zu unserem Erstaunen ließen sich die Goliaths jedoch recht handlich, oder sagen wir interessant, fahren und hatten auch Sitzheizung, weil die Motoren ja unter den Sitzbänken platziert waren. Leider hatten wir im Sommer aber oft bis zu 40 Grad Hitze in Calgary.

Henry startete auf eigene Rechnung, aber mit Firmenfahrzeug, neuerdings mit einem Goliath, eine Verkaufstour zu verschiedenen Lebensmittelgeschäften und auch größeren privaten Haushalten. Viele deutsche Einwanderer kauften nämlich, nachdem sie einige Jahre Geld angespart hatten, ein großes Wohnhaus mit möglichst vielen Zimmern in der Stadt, um diese dann mit Kost und Logis an ledige Einwanderer zu vermieten, die ja vorwiegend von zu Hause an europäische Bäckereiprodukte gewöhnt waren.

Ludwig „had a dream“ insofern, als dass er erpicht darauf war, eines Tages seine eigene Bäckerei zu gründen, obwohl er eigentlich das Malerhandwerk gelernt hatte.

Zielgerichtet, begierig und gründlich erlernte er deshalb erfolgreich auch das Bäckerhandwerk von Frank und den angestellten Bäckern, aus verschiedenen Nationen stammend.

Kauf einer Ranch mit Irrungen und Wirrungen

Frank aber hatte den verwegenen Traum eine Ranch zu kaufen. Er konnte die Zeit, in der er als Kind auf unserem Hof in der Heimat so viele tolle Abenteuer erlebt und als Heranwachsender auch oft freudig und tüchtig mitgearbeitet hatte, auch nicht vergessen. Viele schöne Erinnerungen hingen daran, und er konnte es nicht verschmerzen, dass unsere Eltern den Hof aufgeben mussten. Deshalb wollte er unbedingt baldmöglichst eine Ranch kaufen. Henry, der gelernte Landwirt und Viehzuchtexperte, konnte dadurch wieder in seinen Beruf zurück und die Ranch bewirtschaften. Er selbst wollte dann auch zeitweise auf der Ranch wohnen.

Unternehmungslustig und optimistisch, wie er war, kaufte er tatsächlich sozusagen spontan eine Ranch mit Wohnhaus und Stall. Natürlich zu einem günstigen Preis mittels „harter Verhandlung" nach Franks Methode.

Die Ranch lag 150 km nördlich von Calgary, und wir fuhren an den nächsten Sonntagen zur Besichtigung dorthin. Auf einem erhöhten Platz schmiedeten wir Pläne für die Bewirtschaftung der Ranch.

Im Wesentlichen bestand die Ranch aber aus Wald und hatte eigentlich zu wenig Freiflächen. Die Gebäude, deren Türschlösser teilweise schon funktionsuntüchtig verrostet waren, machte auf uns keinen so guten Eindruck, wie Frank sie uns vorher recht oberflächlich, aber wie immer positiv eingestellt, beschrieben hatte.

Das sollte sich aber aufklären, als sich am nächsten Sonntag nämlich ein älterer Herr mit Coltgurt, aber ohne Colt, zu uns gesellte. Auf Nachfrage erklärte er uns, dass er so an den Gurt gewöhnt sei, trüge aber keinen Colt mehr, außer bei der Jagd gegen Überraschungsangriffe von Bär, Puma oder

Luchs. Wie er gehört habe, verweilten wir sonntags an diesem Platz und betrachteten seine Ranch. Er bewohne sie nur sporadisch, weil er eine Autowerkstatt mit Wohnung im nahe gelegenen Städtchen, Sundry, besitze. Gelegentlich benutze er die Ranch noch als Unterkunft zur Jagd mit Geschäftsfreunden. Verkaufen würde er sie aber nie, weil er dort aufgewachsen sei und daran hinge wie an seinem Coltgurt. Die Nachbarranch, zwei Meilen westlich die Schotterstraße rauf, wäre aber kürzlich verkauft worden, so habe er gehört.

Frank hatte also doch wohl zu „hart verhandelt", sodass er sich an die genaue Lage der gekauften Ranch nicht mehr so richtig erinnerte.

Stante pede machten wir uns auf den Weg die Schotterstraße rauf und fanden endlich unsere Ranch.

Sie war zu unserer Erleichterung tatsächlich auch interessanter, mit einem gut erhaltenen Wohnhaus. Die Scheune und

Ställe waren verhältnismäßig klein, aber 250 Hektar Land mit vertretbarem Baumbestand gehörten zur Ranch. Damit war sie gut ausbaufähig, was wir ja auch beabsichtigten.

Nach ausgiebiger Begehung wurde noch vor Ort gemeinsam festgelegt, dass Henry als gelernter Landwirt und Viehzuchtexperte natürlich die Ranch führen sollte. (Später sollten ihm auch noch seine Fähigkeiten als „Schweinefänger, Schafbockkämpfer und Bullenreiter“, die er sich zu Hause in seiner Kindheit spielerisch erworben hatte, nützlich sein.)

Ich wollte dann die Logistik der Auslieferungen in der Bäckerei sowie die von Henry entwickelte Vertriebstour übernehmen.

An den nächsten Tagen studierten Henry und Frank landwirtschaftliche Zeitungen mit Vieh- und Schlachtpreisen. Schon bald waren sie sich einig, dass Schweinezucht eindeutig den höchsten Profit erzielte, weil fast alle scheinbar aus Bequemlichkeit nur Rinder auf den Farmen und Ranches hielten. Diese glorreiche Idee wurde auch umgesetzt, indem Henry auf die Ranch umquartierte und zunächst etwa 150 Hektar einzäunen ließ, notwendige Maschinen kaufte und mit seinem inzwischen eingestellten „Cowboy“ Bauarbeiten durchführte.

Dann kaufte Henry auf dem Viehmarkt in Rocky Mountain House viele Schweine zur Zucht, Sauen, einige Eber und auch Jungschweine.

Alles lief nach Plan, bis die Schweine Rotlauf (eine ansteckende Schweinekrankheit) bekamen und starben, manche auch durch einen erlösenden Kopfschuss. Henry musste wochenlang immer wieder mit der, eigentlich für Rodungsarbeiten gekauften, schweren Kettenraupe tote Schweine begraben. Das war sehr traurig und deprimierend, aber die

Ranch war ja nun mal gekauft und musste weiter bewirtschaftet werden, natürlich mit einem neuen grandiosen Plan.

Frank und Henry, in dieser Hinsicht beide belehrungsresistent, hatten nichts aus dem Schweinedesaster gelernt, und die zweitbeste gewinnversprechende Idee, nämlich Schafzucht, wurde jetzt favorisiert und durchgeführt.

Henry kaufte auf dem Viehmarkt viele Schafe, Lämmer und einige Böcke zur Zucht. Ludwig und ich halfen beim Abladen, als sie mit mehreren Lastwagen angeliefert wurden. Ludwig meinte, nach dem Abladen manchmal Schafzähne auf der Ladefläche gesehen zu haben, aber bei ihm wusste man nie genau, ob es ernst oder scherzhaft gemeint war.

Aber auch Henry war von der körperlichen Verfassung der Schafe etwas konsterniert und musste schließlich einräumen, dass er auf dem Viehmarkt kräftig übers Ohr gehauen wurde. Diese Tiere waren größtenteils einfach zu alt und für eine Zucht nicht geeignet.

Mit der Schweinezucht hatte Henry ja wohl nur Pech gehabt, aber von Schafzucht hatte er offensichtlich keine Ahnung, und „learning bei doing“ funktioniert in der Viehzucht anscheinend nicht. Von diesen fehlgeschlagenen Versuchen, die Ranch zu bewirtschaften, schrieben wir unserer Familie zu Hause in Deutschland nichts, sonst hätte Papa sich wohl sehr gewundert, dass sein tüchtiger Sohn, Heiner, der gelernte Landwirt und Viehzüchter, in Kanada offenbar alles verlernt hatte.

Diese Fehlschläge waren auch nur zu verkraften, weil der monetäre Gewinn der Bäckerei sehr groß war. Zum Verständnis nur ein Beispiel:

Frank warf die Tageseinnahmen abends immer in einen Koffer im großen begehbaren Kleiderschrank, um sie sporadisch, wenn es ihm in den Kram passte, zur Bank zu bringen. Einen Safe fand er umständlich und auch unnötig. So war es doch viel einfacher, Klappe auf, Geld rein, Klappe zu, fertig. So war Frank eben! Er betrachtete das Geld auch nie als sein eigenes, sondern als Ergebnis unserer gemeinsamen Kreativität und Aktivitäten.

Diebstahl oder Ähnliches kam ihm gar nicht erst in den Sinn. Sein Spruch war immer: „Hier in unserer Western- und Ölstadt Calgary könnt ihr euer mit Dollars gefülltes Portemonnaie auf die Straße werfen, und wenn eure Adresse drin ist, habt ihr alles am nächsten Tag zurück. Die Leute hier haben alle selber Geld genug.“ Tatsächlich habe ich in den ganzen Jahren von Diebstahl selten etwas gehört. Außerdem meinte er oft: „Wenn das Geld mal alle ist, müssen wir eben neues machen“.

Frank hatte aber zwei gleich aussehende Koffer für sein Gepäck auf der Schiffsreise von Deutschland nach Kanada mitgebracht. Als Ludwig einmal gründlich aufräumte, stellte er fest, dass der zweite Koffer, der offenbar schon lange unbeachtet hinten im großen begehbaren Kleiderschrank stand, auch zur Hälfte mit Geld angefüllt war. Frank hatte die Koffer irgendwann verwechselt und diese größere Summe offensichtlich nicht einmal vermisst.

Die Zeit der Experimente auf der Ranch war aber jetzt vorbei. Henry stieg um auf Cattle (Rindvieh), wie fast alle anderen Rancher auch, und stellte fest, dass es gut war. Später wurde noch ein großer Kuhstall mit Melk- und Fütterungsanlage gebaut und alles wurde prima, weil die Milchpreise in Kanada zur Unterstützung der Rancher, durch Vermittlung der Regierung zwischen den Vertretergruppen, ausreichend hochgehalten wurden.

Außerdem hielt Henry noch eine große Anzahl frei laufender Rinder auf den inzwischen zusätzlich eingezäunten 100 Hektar Land.

Jetzt verpachtete Frank seine Bäckerei an seinen deutschen Bäckermeister, Kurt, heiratete und zog mit seiner Frau auch zur Ranch, um dort gemeinsam mit Henry weitere Modernisierungen voranzutreiben.

Henrys Verkaufstour reduzierte ich auf weniger, aber dafür größere Verkaufsstellen. Weil meine Geschäfte mit wenig Aufwand recht gut liefen, blieb noch Zeit, an meiner eigentlichen Berufskarriere als Architekt zu basteln, indem ich nebenbei Kunst und Architektur studierte.

Mit dem Goliath zu fahren, gefiel mir überhaupt nicht, und auch deshalb handelte ich mit dem Pächter der Bäckerei, Kurt, für den Vertrieb einen neuen Vertrag aus. Ich kaufte bei Gustav einen neuen DKW-Lieferwagen auf meine Kosten und erzielte dann fünfundzwanzig Prozent am Vertrieb der Bäckereiprodukte, außer natürlich vom Umsatz im betriebseigenen Verkaufsladen. Zum Betanken des DKW 3=6 fuhr ich vorzugsweise zu Gustav, der eine selbst gebastelte Benzin-Gemisch-Zapfstelle hatte. Letztendlich wohl nur für seinen Vorführwagen und meinen Lieferwagen, denn ein weiteres DKW-Fahrzeug hat er wahrscheinlich nie verkaufen können. Zumindest habe ich keinen weiteren DKW auf den Straßen von Calgary gesehen. Deshalb wurde ich durch mein außergewöhnliches Fahrzeug bei unserer Kundschaft verkaufsfördernd bekannt wie ein bunter Hund. Last but not least kredenzte Gustav nach dem Tankvorgang immer einen Whisky lemon.

An anderen Tankstellen hatte ich auch stets einen Kampf mit den Tankwarten, die es damals noch gab, weil sie mich immer daran hindern wollten, einen Liter Motoröl beim

Benzintanken beizumischen, und ich wurde dabei belehrt, dass Öl in den Motor gehört und nicht in den Tank. Oft sah ich, dass sie mir lange hinterherschauten, um zu sehen, wie weit ich mit dem Gemisch wohl käme, weil ein Auto mit Zweitaktmotor für sie einfach unvorstellbar war.

Privat gönnte ich mir ein Auto der Nobelmarke Buick Roadmaster, auch um anzugeben, denn ich hatte inzwischen ein Girlfriend namens Ulla kennengelernt.

Samstagnachmittags fuhr ich mit meinem Protzauto zu Ullas Haus, in dem sie mit ihrer Schwester Marga und Mutti wohnte. Marga war schon ein paar Jahre vorher nach Calgary ausgewandert, und mehrsprachig ausgebildet verdiente sie sehr gut. Sie konnte daher am Stadtrand ein Haus kaufen und Mutti sowie ihre Schwester Ulla aus Plettenberg im Sauerland nachkommen lassen.

Direkt gegenüber dem Haus erstreckte sich schon die Prärie, auf der Ulla auch ihre ersten Fahrversuche unternahm, aber mein Buick war wegen seiner enormen Ausmaße wohl ungeeignet dafür. Eigentlich war die romantische hügelige Prärie mit Blick auf die Rocky Mountains auch zu schade für solche Vorhaben.

Dann fuhren wir oft in die herrliche City of Calgary, am Bow River entlang zu einem Café, um ein Tässchen Kaffee zu trinken, oder wir besuchten einen der großräumigen Kinosäle, in denen man während der Filmvorführung auch essen, trinken und sogar rauchen konnte.

Sonntags fuhren wir oft gemeinsam mit Ludwig zur Ranch, um ein bisschen mit den Pferden auszureiten oder auf Jagd zu gehen, was aber seine Tücken hatte.

Als Ludwig, der ein begeisterter Jäger war, und ich einmal in den Waldbereichen der Ranch und darüber hinaus auf längere Pirsch gingen, verloren wir bei bedecktem Himmel und einsetzender Dämmerung die Orientierung. Es war schon ein sehr beklemmendes Gefühl, ratlos in der Wildnis zu stehen und den Weg zurück nicht mehr zu finden. Lange überlegten und diskutierten wir, was jetzt zu tun sei, aber fanden keine erfolgversprechende Lösung. Wegen unserer langen Abwesenheit ahnte Henry, der uns vorher auch gewarnt hatte, zu weit in unbekannte Gebiete zu gehen, dass wir uns verirrt hatten, und startete seine alte Caterpillar-Kettenraupe, die zu unserem Glück laut genug war, dem Schall folgen zu können.

Mit Ludwig auf der Jagd wurde es oft irgendwie gefährlich. Einmal schoss er, ein paar Meter hinter mir stehend, nahe an meinem Ohr vorbei auf einen Fasan. Auf meine wütenden Vorwürfe antwortete er nur: „Was sollte ich denn machen? Wenn ich dich gewarnt hätte, wäre der Vogel doch sicher weggeflogen.“ Das war halt Ludwigs Logik!

Meine Bemühungen auf der Ranch, Ulla reiten und schießen zu lehren, waren nicht sehr erfolgreich. Gleich bei unserem ersten gemeinsamen Ausritt trabte ihr Pferd, Smoky, plötzlich reiterlos neben mir. Zurückschauend sah ich Ulla mit beiden Händen an einem Ast hängend. Vor lauter Angst hatte sie den niedrigen Ast ergriffen und festgehalten. Smoky war weitergetrabt. Als Reaktion auf mein Kopfschütteln meinte sie nur: „Besser vom Baum fallen als vom Pferd.“

Smoky war inzwischen zurück zum Stall getrabt und wir ritten dann eben zu zweit auf einem Pferd zur Ranch heim.

Nach vielen gemeinsamen Schießübungen, bei denen Ulla in Bezug auf Zielsicherheit so recht keine Fortschritte machte, fragte sie mich: „Seit Wochen erklärst du mir, ich soll über Kimme und Korn anvisieren, aber wo sind denn eigentlich Kimme und Korn?“

Im Monat Juli besuchten wir zwei Wochen lang abends die jährliche weltberühmte „Calgary Stampede“, die damals schon weltweit größte Freiluft-Ausstellung mit Millionen mehrheitlich im Westernstyle gekleideten Besuchern aus allen Landesteilen und den USA. Rodeo, Bullenreiten, Pferderennen und Planwagenrennen waren, unter vielen anderen Veranstaltungen, die Hauptattraktionen.

Weitere beliebte Ziele für uns waren auch das pittoreske Städtchen Banff und das Dorf Lake Louis in den nahen Rocky Mountains, wo später die Olympischen Winterspiele stattfanden.

Jetzt gerade erinnere ich mich an unsere erste gemeinsame Fahrt zum Städtchen Banff mit meinem kurz vorher gekauften Buick. Die Fahrt war herrlich, Ulla und Banff schöner als je zuvor. Es war himmlisch.

Auf der Rückfahrt mussten wir aber feststellen, dass der Motor anfing zu stottern und dann ganz aussetzte. Entsetzt fiel mir jetzt ein, dass ich in meiner Euphorie vergessen hatte zu tanken. So ein Malheur! Jetzt war ich in höchstpeinlicher Not. Als wir ratlos und bedröppelt so dastanden, hielt schon ein Auto hinter uns an und der Fahrer fragte mich: „Hast du ein Problem mit deinem Auto, boy?“

Ich log verlegen, indem ich sagte, mein Auto wäre einfach so stehen geblieben, worauf er sehr, sehr breit grinste und mir lachend zurief: „Steigt in euer Auto, ich schiebe euch zur nächsten Tankstelle.“ Und schon fuhren wir los.

(In Kanada wurden damals defekte Pkws nicht abgeschleppt, sondern geschoben, deshalb auch die übergroßen Stoßstangen.)

Eine nächste Tankstelle gab es aber erst wieder in Calgary, ca. 50 km entfernt. Dort angekommen winkte unser Retter in der Not lachend und entschwand. Jetzt hatten wir gelernt, wie richtige Canadians sind.

Als nach Henry auch Frank zur Ranch umgezogen war und nur noch Ludwig und ich in der großen Wohnung blieben, zogen Ulla und Mutti zu mir in die City. Schließlich waren ja ausreichend Zimmer vorhanden. Ludwig war auch sehr einverstanden, weil neben der Tatsache, dass Mutti gut kochen und aufräumen konnte, sie darüber hinaus zur meist lustigen Unterhaltung viel beitrug. Zum Beispiel mit der Geschichte von Muttis Stadtbummel in der City of Calgary, bei dem sie natürlich auch viele Geschäfte aufsuchte. Als sie abends zurückkam, meinte sie, dass zwei Personen ja praktisch die Eigentümer der meisten Geschäfte in der Stadt seien. An fast allen Eingangstüren der Läden, in denen sie war, ständen ja ihre Namen, nämlich Push und Pull (Drücken und Ziehen).

Außerdem herrschte jetzt auch Ordnung im Haus. Ganz im Gegensatz zu der Zeit, als wir vier Brüder dort noch gemeinsam wohnten, wie man sich vorstellen kann. Wir ließen zum Beispiel nach besonders heißen Sommertagen abends die Haustür einfach weit offen, weil es sonst in der Wohnung, damals noch ohne Klimaanlage, zum Schlafen zu heiß war.

An einem solchen Sommermorgen lagen wir vier Brüder noch im Bett, als wir im Wohnzimmer Gespräche und Gelächter hörten. Wer zum Teufel vergnügte sich am frühen Sonntagmorgen in unserem Wohnzimmer? Drei alte Indianerfrauen feierten tatsächlich feuchtfröhlich bei uns Party. Sie erzählten uns, dass sie sich am Abend vorher in Joe‘s Eckstore gegenüber Ostereier gekauft hätten. Dann sei der Laden aber plötzlich geschlossen worden, obwohl sie doch noch so „durstig“ waren.

Joe verkaufte diese großen mit Likör gefüllten Ostereier wegen der kontinuierlichen Nachfrage das ganze Jahr, weil Indianer ohne Arbeitsnachweis nämlich zur damaligen Zeit in Kanada keinen Alkohol kaufen durften. Wir Europäer, die ihnen das Land gestohlen hatten und jetzt die Regierung stellten, haben es ihnen verboten mit der überheblichen und faden Begründung, die Ureinwohner würden durch Alkohol renitent, weil sie ja früher keinen Alkohol gehabt hätten und nicht daran gewöhnt seien. Joe's Ostereier, mit dünner Schokoladenschale aber reichlich Likörfüllung, galten jedoch als Nahrungsmittel und nicht als Alkohol.

Als Joe seinen Laden an jenem Abend abschloss, waren die alten Squaws vom „Ostereier essen“ wohl schon etwas beschwipst und sahen durch unsere offene Haustür eine Flasche Whisky, die noch auf dem Wohnzimmertisch stand. Wir vier Brüder schliefen schon in unseren Zimmern.

Das bot sich an für eine kleine lustige nächtliche Party, dachten die alten Squaws wohl und nutzten die Gelegenheit. Nun gut, sie hatten ihren Spaß und wir keinen Schaden, außer einer Flasche Whisky, und die war den alten Damen gegönnt, denn für sie als Ureinwohner waren wir ja gewissermaßen auch nur ungebetene Gäste in ihrem Land.

Zum Thema Ureinwohner meinte Ludwig, der Schelm, mit seinem ungefähren Halbwissen pfiffig, die Ureinwohner seien wohl eigentlich Nachkommen von Ostfriesen, die sich vor Jahrtausenden mal verirrt hatten und immer weiter nach Osten wanderten, um heimzufinden, weil sie ja schließlich Ostfriesen waren. Über Russland und der früheren Landverbindung zwischen Sibirien und Alaska seien sie letztendlich in Nordamerika angekommen. Das ließe sich von vielen Worten aus den Indianersprachen in Erinnerung einiger Begriffe aus Ostfriesland, wo er früher als Maler gearbeitet hatte, eindeutig ableiten, wenn auch inzwischen sinnentfremdet.

Dazu nannte er grinsend einige Beispiele: Manitou = Man hau tou (Mann hau zu), Mokkassins = Mok Kal sins (Mok, Karl seins), Tomahawk = Tomakhoek (Verschlussraum).

Zur Bestätigung solcher Sprüche bemerkte er dann, man könne das besser glauben als nachforschen, denn von den Forschungsergebnissen zur Besiedlung Amerikas wäre auch nur die Hälfte zutreffend und man müsse dann noch aufpassen, die richtige Hälfte zu erwischen.

Nach Saskatchewan mit Risikoplan im Gepäck

Ludwig erfüllte sich jetzt seinen Traum und gründete seine eigene Bäckerei in der schnell wachsenden Stadt Calgary. Er taufte sie „Four Star Bakery“ und war über Jahrzehnte sehr erfolgreich damit.

Meine Verkaufsgeschäfte liefen auch blendend, aber ich wollte mein Ziel, Architekt zu werden, nicht aus den Augen verlieren.

Deshalb entschloss ich mich, nach Gesprächen mit allen Beteiligten in die Hauptstadt der Provinz Saskatchewan, Regina, umzuziehen, wo die Bedingungen zum nebenberuflichen Studium für mich noch günstiger waren. Zum finanziellen Aspekt heckte ich mit Frank einen etwas gewagten Plan aus. Ich wollte in der Stadt Regina den Bedarf an deutschen Backwaren auskundschaften, indem ich mit den Besitzern von Lebensmittelgeschäften, den Managern von Supermärkten und dem Deutschen Klub Gespräche führen würde. Wenn sich alles als erfolgversprechend erwies, wollte er mit seiner Familie nachkommen und mit meiner Hilfe dort eine neue Bäckerei aufbauen. Immer wollte er auf der Ranch auch nicht bleiben und seine Bäckerei in Calgary hatte er ja langfristig verpachtet.

Weil uns der Plan plausibel erschien, packten Ulla, Mutti und ich kurz entschlossen unser Hab und Gut in meinen Lieferwagen, verkauften den Buick und fuhren nach Regina, wo ich telefonisch schon eine Wohnung avisiert hatte. Unser Plan funktionierte sogar ausgezeichnet, weil die Gespräche, die ich in Regina führte, sehr positiv verliefen. Um aber ganz sicher zu sein, ließ ich mir verschiedene Brotsorten von der Frank‘s Bakery aus Calgary nächtlich nach Regina schicken und bot sie über den Zeitraum von mehreren Monaten in einigen Lebensmittelläden zum Verkauf an. Das Verschicken war einfach, weil es nachts einen regelmäßigen Lkw-Pendelverkehr mit Lebensmitteln zwischen den beiden Städten gab. Ich brauchte die Brotkisten nur morgens vom Depot abholen und an die Verkaufsläden verteilen. Danach konnte ich mich mit meinem Studium befassen.

Schon bald wurde der Verkauf der Brote von „Frank‘s Bakery“ aus Calgary höchst zufriedenstellend und die Nachfrage groß. Jetzt konnte ich Frank vom Erfolg meiner Tätigkeiten berichten, woraufhin er sich begeistert an seinen Teil der Absprache machte. Mit Frank hatte ich ausgemacht, dass er in diesem Fall auf der Ranch, gemeinsam mit Henry und mithilfe eines fachkundigen Schweißers, die stählernen inneren Teile des großen Dreh-Backofens herstellt, den Frank und Henry gedanklich entwickelt hatten.

Ich wusste, dass beide erstaunliche Fähigkeiten besaßen, aber in der Zusammenarbeit addierten sie sich zu einem Genie. Einen Drehofen mit rotierenden versetzten Stahlrädern auf beiden Seiten zur Fixierung mehrerer zwei Meter Backbleche, die bei der Drehung um die Achse immer horizontal bleiben müssen, ist wirklich nicht einfach zu konstruieren.

Frisch gewagt ist halb gewonnen. Nach diesem Leitsatz kam Frank mit Familie ein paar Wochen später nach Regina und mietete ein Wohnhaus und ein leer stehendes Gebäude in der Stadt, das groß genug war, als zukünftige Bäckerei mit Verkaufsladen zu dienen. Henry brachte uns mit einem Lkw die angefertigten Teile für den großen Backofen von der Ranch und half auch noch beim Zusammenbau. Die gesamte Konstruktion funktionierte sofort ausgezeichnet. Ich musste die Anlage nur noch mit Schamottsteinen innen und nach entsprechender Dämmung außen mit Steinen ummauern, um die Anlage wie geplant Steinofen nennen zu können.

Natürlich hatte das mit einem richtigen deutschen Steinofen nichts zu tun, aber in Kanada vermarkteten wir das Produkt dennoch als Steinofenbrot, was in der Werbung für Brot unschlagbar war.

Nach Umbauarbeiten, Einbau der für die Produktion notwendigen Maschinen, Einrichtung des Verkaufsladens, Einstellung von zwei europäischen Bäckergesellen und einem deutschen Bäckermeister, begannen wir nach wenigen Monaten mit der Produktion. Der Verkauf der Bäckereiprodukte lief bestens, auch weil viele mal „German stoneoven bread" probieren wollten und eine große Anzahl von ihnen dauerhaft unsere Kunden blieben.

Ulla übernahm den Verkaufsladen, und ich war für den Verkauf an die Lebensmittelgeschäfte der Stadt und darüber hinaus zuständig.

Frank hatte aber nach einem Jahr wieder die Schnauze voll von all dem ganzen Trubel und sehnte sich zur Ranch zurück, die Henry inzwischen mit großem Erfolg bewirtschaftete.

Ich weiß nicht mehr, wie lange Frank mit Familie danach auf der Ranch blieb, aber später kaufte er ein Domizil in Calgary, in dem er dann auch selbst mit seiner Frau und inzwischen drei Kindern wohnte.

Deshalb übernahm ich die Bäckerei in Partnerschaft mit unserem Bäckermeister, Fred Oberländer, auf Pachtbasis. Er war verantwortlich für die Produktion in der Bäckerei und ich für die Geschäftsleitung sowie den Ein- und Verkauf. Ulla führte weiterhin den Verkaufsladen der Bäckerei.

Einen Bäckermeister als Partner brauchte ich allemal, weil ich selbst noch nie in meinem Leben ein Brot gebacken hatte, es auch heute noch nicht kann, und es hat mich auch nie interessiert.

Aber halt, das stimmt so nicht! Gerade fällt mir nämlich ein, dass ich sogar das allenfalls größte aller Brote gebacken habe, wenn auch mithilfe meiner Bäckergesellen.

Und zwar kam eines Tages der Präsident des Saskatchewan Lions Club zu mir in die Bäckerei und fragte, ob wir wohl in der Lage wären, ein sehr, sehr großes Brot mit besonders stabiler Kruste zu backen. Das Riesenbrot sollte, als Symbol für die Weizenprovinz Saskatchewan, aus Weizenmehl hergestellt sein, sechs Fuß lang, drei Fuß breit und drei Fuß hoch sein. Er vermied dabei das Wort „Sarggröße“ als Maßangabe, und ich erwähnte es vorsichtshalber auch nicht.

Wenn man das Brot horizontal durchschneiden, dann beide Hälften innen aushöhlen, und danach die beiden nur noch aus stabiler Kruste bestehenden Hälften wieder zusammenfügen würde, wäre doch innen genug Raum vorhanden, damit ein Mädchen über den Zeitraum von etwa dreißig Minuten drinnen liegend Platz hätte. So zusammengefügt und mit luftdurchlässigen Zierschleifen zusammengehalten, auch zum Kaschieren der notwendigen Löcher für Atemluft, sähe die ausgehöhlte Kruste dann doch wieder aus wie ein normales, allerdings überdimensionales Weizenbrot.

Zum Höhepunkt der anstehenden großen Feier des Clubs sollte das Riesen-Weizenbrot mit einem alten Pionierzeit-Präriewagen angefahren, auf den Ehrentisch gelegt und dann zum Schein mit einer alten Holzfällersäge angeschnitten werden. In diesem Moment würde er selbst jedoch die Zierschleifen lösen und seine Tochter in dem Riesenbrot sollte, zur Überraschung aller nicht Eingeweihten, den oberen Teil des Brotes von innen aufstoßen, sich sinnbildlich daraus erheben und die Clubfahne schwenkend eine Hymne singen.

Weil er schon vergeblich mehrere Bäckereien in dieser Sache angesprochen habe, die das aber alle für undurchführbar hielten, seien wir mit unserem „berühmten“ Backofen seine letzte Chance zur Durchführung seiner fantastischen Idee. Mein Partner Fred war, in seiner Funktion als Bäckermeister, eigentlich gegen die Annahme des Auftrags, weil man nicht wissen konnte, wie ein so großer Brotteig beim Backvorgang aufgehen würde. Mich reizte diese ungewöhnliche Bestellung aber, weil der Club-Präsident meinte, dass der finanzielle Aspekt in Anbetracht dieser werbewirksamen Idee für den Lions Club von ganz untergeordneter Bedeutung sei.

Ich setzte mich deshalb durch und übernahm, mehr oder weniger ahnungslos, die Regie zur Durchführung. Nachdem eine Backform der notwendigen Größe aus stabilem Blech mit Tragvorrichtung hergestellt war, berechnete ich die notwendigen Zutaten für das überdimensionale Brot. Für die Herstellung stand uns der normalerweise produktionsfreie Zeitraum von Samstag bis Sonntagabend zur Verfügung. Unsere Gesellen machten auch gerne mit, denn wie oft im Leben bekommt ein Bäcker schon die Gelegenheit, anstatt kleiner Brötchen ein Riesenbrot zu backen. Zu unserer erlösenden Entspannung klappte gleich der erste Backvorgang, auch weil die Entnahmeöffnung unseres Backofens in der notwendigen Höhe aufklappbar war.

Der Clubvorstand war vor Begeisterung schier aus dem Häuschen und das Ereignis wurde natürlich, als Nebeneffekt für uns ausgesprochen verkaufsfördernd, Tagesgespräch in der Stadt.

Auch sonst lief alles wie am Schnürchen, bis ich eines Nachts, als Fred einmal Urlaub hatte, von unserem ungarischen Obergesellen in seinem etwas unzureichenden

Englisch einen Anruf erhielt, der mich im Nachhinein an einen bekannten Sketch von Didi Hallervorden erinnert:

„Boss, hier in Bäckerei riecht schrecklich."

Seine Antwort auf meine Frage zum Grund des Geruches: „Boss, riecht nicht nur … qualmt auch".

Ich fragte, ob er den Ofen falsch eingestellt habe und die Brote im Ofen verbrannt seien.

„No, Boss … Brote in Ofen ok."

Was, zum Teufel, qualmt denn?

„Ganze Bäckerei qualmt."

Wieso qualmt die ganze Bäckerei?

„Weil Bäckerei brennt, Boss, muss jetzt auflegen … wird zu heiß!"

Als ich ein paar Minuten später ankam, war die Feuerwehr schon da. Glücklicherweise verursachte der Brand nur einen Sachschaden und wir waren entsprechend versichert. Die Gesellen hatten wohl in der Umkleidekabine geraucht, weil sie das in der Bäckerei natürlich nicht durften. Wahrscheinlich hatte jemand seine Zigarettenkippe unsachgemäß entsorgt.

Unser verantwortlicher ungarischer Obergeselle wollte mir am Telefon mit seinen begrenzten Englischkenntnissen die Wahrheit so schonend wie möglich beibringen.

Nach einer Woche Produktionsausfall und vielen unangenehmen Anrufen von Kunden, die auf ihr Brot warteten, lief alles wieder seinen gewohnten Gang.

Ulla und ich hatten schon bald nach unserem Umzug von Calgary nach Regina geheiratet und mit unserem inzwischen geborenen Sohn Michael fühlten wir uns in unserem von Frank gekauften Haus auch sehr wohl. Nur die übergroße Parkfläche am Haus gefiel mir als angehender Architekt ganz und gar nicht, weil sie einfach für ein Wohnhaus überdimensioniert war. Einen Teil der Fläche wollte ich also einsäen. Dazu bestellte ich zwanzig Tonnen Mutterboden zum Einplanieren.

Schon am nächsten Tag wurde der mit einem großen Kipper angeliefert. Der Lkw-Fahrer rief mich im Betrieb an, um zu erfahren, wo genau er abkippen sollte. Es sei aber wirklich besser, wenn ich eben kommen würde, betonte er.

Am Haus angekommen, sah ich sofort, warum der Fahrer gezögert hatte. Zu meinem Entsetzen hatte er zwanzig Tonnen Düngemist geladen. Im Gespräch mit dem Fahrer stellte sich bald heraus, dass ich die beiden Begriffe topsoil (Mutterboden) und manure (Düngemist) bei der Bestellung verwechselt hatte. Mein Englisch war wohl doch nicht so gut, wie ich dachte.

Der Fahrer war nach anfänglichem Unmut einigermaßen freundlich, nahm den Mist wieder mit und versprach am nächsten Tag topsoil (Mutterboden) zu bringen. Beim Einsteigen konnte er sich aber nicht verkneifen, etwas wie „scheiß Ausländer" zu murmeln.

Ich war ihm für sein umsichtiges Verhalten sehr dankbar, obwohl er „scheiß Ausländer" gemurmelt hatte, aber das war nicht so schlimm wie zwanzig Tonnen Mist vor unserem Haus.

Rückreise nach Deutschland

Nach der Anlieferung des Mutterbodens und nachfolgendem Planum der Fläche sah unser Haus schon verkaufsfördernd gefällig aus. Das war auch gut so, denn wir hatten uns nämlich für eine Rückreise nach Deutschland entschieden.

Der Lkw-Fahrer hatte mich auch daran erinnert, dass ich ja tatsächlich ein Ausländer in Kanada war, obwohl ich mich inzwischen schon heimisch fühlte. Auch wurde mir durch diese Sache bewusst, dass man wahrscheinlich eine Fremdsprache nie so erlernen kann wie die Muttersprache, was besonders im kulturellen Bereich nachteilig ist.

Diese Gedanken und Ullas Heimweh waren entscheidend für den Entschluss zur Heimreise. Auch Mutti war wegen Heimweh schon vor unserer Hochzeit nach Deutschland zurückgeflogen.

Obwohl nämlich unsere Lebensumstände jetzt eigentlich perfekt waren, auch weil wir an unserem Sohn Michael so viel Freude hatten, wurde Ullas Heimweh immer gravierender. Aus diesem Grund war sie mit Sohn Michael schon ein halbes Jahr vorher für einige Wochen nach Deutschland geflogen, und auch um ihre neue zahlreiche Verwandtschaft kennenzulernen.

Als sie dann nach Kanada zurückkam, wurde ihr Heimweh, entgegen unserer Erwartung, aber noch schlimmer, und dagegen kann man nicht kämpfen.

Jetzt war die Zeit gekommen, die grundsätzliche Entscheidung zu treffen, in welchem Land wir in Zukunft leben wollten, denn je länger man diesen Zeitpunkt hinauszögert, desto schwieriger werden die Umstände.

Ich musste mich also auf unsere Rückreise nach Deutschland vorbereiten, wo ich dann auch, jetzt finanziell gut aufgestellt, endlich mein Studium beenden würde.

Kapitel 2

Meine Reise vom Nichtsein durch den Weltenraum

Abenteuer im Universum

Nach vermeintlicher Erinnerung von Robert Schmiemann, nicht unbedingt, wie es wirklich war.

Auf die Frage, was vor dem Urknall war, antwortete ein Genius einmal: „Da hat Gott die Hölle erschaffen für Leute, die solche Fragen stellen.“

Ja, es war wirklich höllisch eng und heiß in der Singularität vor der Entstehung des Universums. Unter dem unbeschreiblich gewaltigen Gravitationsdruck war man gezwungen, mit dem gesamten späteren Universum auf dem minimalsten Punkt mit unglaublich hoher Dichte zusammengedrängt zu verharren.

Man war eins mit allem und konnte sich nicht bewegen, weil man auf einen einzigen Punkt zusammengepresst auch einfach nur ein Teil des Punktes sein konnte, denn außer dem minimalsten Punkt selbst gab es noch nichts, weder Raum noch Zeit noch Materie. Es gab nur so etwas wie Quantengravitation, sonst nichts, keine Vergangenheit, keine Zukunft, nicht einmal eine Gegenwart. Außerdem war es auch immer dunkel, und mit wem oder was sollte man Kontakt aufnehmen? Außer Energie gab es absolut nichts.

Die aus unerklärlichen Gründen zunehmende Hitze, bis über hundert Billionen Grad, wurde einfach unerträglich und führte zu einer heftigen Revolte. Möglicherweise verursachte das gemeinsame Aufbäumen dann den unvergleichlichen explosiven Urknall, der uns mit unvorstellbarer Energie in den gleichzeitig entstehenden Raum hinausschleuderte. Mit diesem Urknall entstanden außer Raum auch Zeit und Materie sowie Antimaterie. Unglaublich, unser Universum war entstanden, und aus dem Nichts geboren war ich existent und frei! Mit nahezu Lichtgeschwindigkeit entfloh ich euphorisch dem Nichtsein in den neu entstehenden Raum, der sich mit noch höherer Geschwindigkeit, im Vergleich zu mir, ausdehnte.

Nach einigen hunderttausend Jahren wurde unser neu entstandenes Universum sogar durchsichtig, als nach dem großen erbitterten Kampf um Sein oder Nichtsein, zwischen Materie und Antimaterie, fast nur Materieteilchen übrig geblieben waren, jedoch noch in ausreichender Menge, um das Weltall zu gestalten. Auch ich gehörte zu den Gewinnern und blieb existent, wenn auch nur winzig klein im Vergleich zur Größe des weiterhin expandierenden Raumes.

Die vielen unglaublichen Abenteuer und Katastrophen der nächsten vierzehn Milliarden Jahre sind eigentlich unbeschreiblich, aber ich versuche es nichtsdestotrotz, wie ich es in der Fiktion wahrgenommen habe, ohne Anspruch auf Faktizität.

In der leicht ungleichmäßigen Raumstruktur bildeten sich allmählich, bedingt durch die allgegenwärtige Gravitation, an unzähligen Stellen große kosmische Nebel, in denen sich Gas und Staub wiederum durch lokale Anziehungskräfte zu Sternen oder Planeten entwickelten. Nach einem sehr langen Zeitraum waren es so viele, dass es in vielen Bereichen des Raumes durch lokale Gravitation zur Gruppenbildung kam, den sogenannten Galaxien, mit je vielen Milliarden Sternen und Planeten. Mit der gravitationsbedingten Verdichtung zum Zentrum bekamen die Galaxien einen Drehimpuls und flachten an den Rändern ab. Die Fliehkräfte dieser rotierenden Sternenspiralen schienen aber an den Rändern größer zu sein als die innere Gravitation des Gebildes, besonders wenn im Zentrum der Galaxie noch kein gefräßiges Schwerkraftmonster, ein sogenanntes Schwarzes Loch, sein Unwesen trieb. Warum die meist rotierenden Galaxien jedoch zusammengehalten wurden und an den Rändern nicht auseinanderdriften, konnte ich auf meiner langen Reise nie erfahren. Durch Kosmische Strings oder durch Dunkle Materie.

Mit der Zeit gesellten sich auch einige Verwandte und Freunde wie Quarks, Mesonen, Leptonen sowie Bosonen zu mir, und zusammen reisten wir ziel- und sinnlos durch den Weltenraum und fühlten uns einsam und verloren im All. Sollte es etwa so weitergehen? Nein, wir wollten unsere Zeit künftig interessanter und kurzweiliger gestalten, damit unsere Zukunft nicht ähnlich stinklangweilig werden würde wie in der Singularität vor dem Urknall. Aus diesem Grund erfanden wir gemeinsam Spiele zur Unterhaltung.

In geselliger Runde flüchtige hochenergetische Neutrinos unter Wettbedingungen einfangen war zum Beispiel für eine geraume Weile ein unterhaltsamer Wettbewerb. Leider verfügten wir aber über nichts von Wertigkeit, das als Wetteinsatz dienen konnte, und das Neutrinos-fangen-Spiel wurde deshalb auch irgendwann langweilig. Zwischendurch hatten wir uns mal mit Wetteinsätzen auf hypothetischer Basis beholfen, aber da wurde viel zu viel gemogelt.

So eintönig konnte es aber nicht ewig weitergehen, und deshalb suchten wir jetzt begierig und entschlossen nach abwechslungsreichen Abenteuern, auch wenn Gefahren damit verbunden waren. Wer suchet, der findet, und für uns begann jetzt eine neue Zeit der gewagten Experimente und risikoreichen Episoden.

Mit nahezu Lichtgeschwindigkeit auf Kosmischen Strings durch den Weltenraum zu gleiten, wurde neuerdings ein Mordsgaudi für uns. Diese Kosmischen Strings waren sehr lange fadenartige Symmetriebrüche des Universums, die sich überall mit riesiger Energie und enormer Gravitation durch das All zogen. Das Gleiten auf den Kosmischen

Strings muss man sich vorstellen wie auf einer viele Lichtjahre langen Rodelbahn, nur eben mit nahezu Lichtgeschwindigkeit. Das war keineswegs so einfach, wie es sich anhört, denn man musste dabei immer, den Gesetzen des Universums entsprechend, genau den richtigen Abstand halten. Keineswegs durften wir den Kosmischen Strings zu nahe kommen, sonst wären wir durch die urgewaltige Anziehungskraft der Fäden eingesogen und wieder in reine Energie umgewandelt worden. Manchmal endeten die Kosmischen Strings in einem Meer aus sogenannter Dunkler Materie, in das wir dann mit der enormen Energie aus der Geschwindigkeit des String-Rittes tief eintauchen konnten. Diese Materie war aber nicht dunkel, sondern unsichtbar, aber doch existent. Aus unserer Sicht war sie offenbar eine Variante des Nichts, jedoch mit einem rätselhaften Einfluss auf alles, der Gravitation ähnlich.

Auf unseren Erkundungsreisen fanden wir in einer Galaxy einmal einen besonders hell leuchtenden riesengroßen Stern mit Planeten, der sich nach Verbrauch seines Brennstoffes, von Wasserstoff über Helium bis zum Eisen, soweit aufgebläht hatte, dass er bald implodieren und dann mit unglaublicher Wucht explodieren würde. Dieser Stern hatte die richtige Größe, um nicht in einer Nova, sondern in einer Supernova zu sterben. Auf einem weit entfernten Planeten warteten wir begierig auf das unvergleichliche phänomenale Schauspiel der urgewaltigen Explosion, die den äußeren Ring des Sternes in den interstellaren Raum wegsprengt.

Was wir dann schließlich sahen, war ein unglaublich fantastisches Spektakel in der unbeschreiblichen Farbenpracht des Universums. Die gewaltigen Druckwellen der gigantischen Supernova-Explosion schleuderten uns dann mit dem Planeten, oder besser mit den Reststücken des Planeten, weit bis in den intergalaktischen Raum hinaus, um anschließend irgendwo im Universum anzukommen. Zurückschauend konnten wir dann beobachten, wie nach der Supernova der verbleibende innere Rest des Sterns sich zu einem rasend rotierenden Neutronenstern mit gewaltigen Energieausstrahlungen an den Polen entwickelte. Obwohl die Neutronensterne mit rasender Geschwindigkeit rotierten, „erinnerten“ sie uns zeitübergreifend an Leuchttürme mit ihren rotierenden Lichtern an den Meeresküsten auf der späteren Erde. Auch Braune Zwergsterne „erinnerten“ uns manchmal an die Zukunft, weil sie so romantisch glühten, dass wir dann immer davon träumten, an einem langsam verglühenden Lagerfeuer zu sitzen.

Unter besonderen kosmischen Bedingungen konnten wir uns nämlich auch an die Zukunft erinnern. Wenn wir zum Beispiel mit nahezu Lichtgeschwindigkeit um den Ereignishorizont eines Schwarzen Loches Karussell fuhren oder auch beim Gleiten auf Kosmischen Strings. Wir gerieten dann manchmal in eine inflationäre Phase, und unsere Erinnerung richtete sich dann in einer anderen Raumzeit-Dimension scheinbar in die Zukunft.

Die Zeit schien, unter bestimmten Bedingungen, nicht immer aus der Vergangenheit über die Gegenwart auf die Zukunft ausgerichtet zu sein.

In der Singularität, vor der Entstehung des Universums, schien es gar keine Zeit zu geben, aber allenfalls war sie doch existent. Vielleicht war die Zeit „dort“ nur im Stillstand, weil es noch keine Raumstruktur gab, und der Zeitpfeil hätte sich beim Urknall ja auch in die entgegengesetzte Richtung, also in die Vergangenheit, ausrichten können oder in eine ganz andere Raumzeit-Dimension. In dem Falle wäre unser

Universum nie entstanden, sondern etwas ganz anderes, für uns Undenkbares, hätte sich entwickelt.

Aber wie sagte viele Milliarden Jahre später ein bekannter Politiker als Kanzleraspirant philosophisch mit schier unglaublichem Scharfsinn: „ Hätte, hätte … Fahrradkette."

In einem anderen Fall, bei einem noch größeren Stern, der mit einem unvorstellbaren Megaausbruch explodierte, entwickelte sich der Reststern nicht zu einem Neutronenstern, sondern gar zu einem sogenannten Schwarzen Loch.

Bei der Suche nach einem geeigneten Superstern mussten wir aber sehr genau aufpassen, dem Kern der jeweiligen Galaxy, wo diese übergroßen Sterne am ehesten zu finden waren, nicht zu nahe zu kommen. Im Kern hauste nämlich fast immer ein gigantisches, gefräßiges Schwarzes Loch, entstanden nach mehreren gewaltigen Sternexplosionen im Bereich des Zentrums, die sich unter Einfluss der gegenseitig wirkenden ungeheuren Anziehungskräfte miteinander verschmelzend, zu einem solchen Schwerkraftmonster entwickelt hatten. Die Raumzeit in einem solchen Monster ist derart verzerrt, dass nichts, aber auch gar nichts dem entkommen kann und somit auch nicht das Licht. Wenn wir dort hineingezogen würden, wären wir vereinfacht gesagt wieder angekommen, wo wir waren, bevor alles begann. „Dort", in der Singularität, war es ja stinklangweilig gewesen, und deshalb hielten wir auch eigentlich immer gebührenden Abstand von diesen Gravitationsmonstern.

Manchmal jedoch ritt uns der Teufel, welcher noch aus der höllischen Nichtzeit vor der Singularität übrig geblieben war, und wir wurden übermütig, tangierten den Ereignishorizont eines Schwarzen Loches und wurden dann um das Monster herumgeschleudert wie auf einem riesigen Karussell, jedoch mit schier unvorstellbarer Geschwindigkeit.

Das war wirklich ein groteskes teuflisches Vergnügen. Trotz der gegensätzlich ausgerichteten ungeheuren Kräfte, Gravitation und Fliehkraft, die dann auf uns wirkten, war es doch ein Wahnsinnsspaß, und wir konnten glücklicherweise auch immer dem Einfluss des Schwarzen Loches entkommen.

Auf unseren von Neugier getriebenen Erkundungsreisen durch das Universum fanden wir manchmal auch sehr alte Sonnen mit Planeten, die uns seltsam erschienen. Auf der Oberfläche einiger Planeten hatten sich große Mengen Sauerstoffatome mit Wasserstoffatomen zu einem neuen Stoff zusammengefunden und bedeckten Teile der Planetenoberfläche als Flüssigkeit. In der Atmosphäre dieser seltenen Planeten gab es auch besonders viele Stickstoffatome und Sauerstoffatome.

Manchmal sahen wir auf solchen Planeten, dass eine große Gemeinschaft von Molekülen sich anscheinend aus innerem Antrieb ohne äußeren Einfluss verändern konnte. Aber wir glaubten unseren eigenen Wahrnehmungen nicht.

Wie zu erwarten war, kamen wir letztendlich doch einem außerordentlich großen Stern zu nahe und wurden hineingezogen. Im Stern zu neuer Materie verschmolzen, wurden wir nach einigen Zehnmillionen Jahren in einer Supernova wieder in den interstellaren Raum ausgespuckt. Wir hatten das Pech, die Gravitation eines solchen Supersterns unterschätzt zu haben, aber auch das Glück, dass solche massereichen Sterne schon nach zehn bis fünfzig Millionen Jahren verglüht sind und dann mit einer Supernova enden.

Jetzt waren wir in starker, enger Bindung in einem Atomkern vereinigt mit eigenen Elektronen, die uns schützend umkreisten. Es fühlte sich gut an, ein Atom zu sein, aber doch noch ein bisschen einsam, und wir machten uns mit Erfolg auf die Suche nach gleichgesinnten Freunden, um zusammen mit ihnen eine Gemeinschaft, ein Molekül, zu bilden. Gerne hielten wir uns dann zum Spielen mit Gleichgesinnten in kosmischen Nebeln aus Gas und Staub auf, obwohl es dort immer bitterkalt war. Als wir wieder einmal in einer solchen riesigen Gas- und Staubwolke unsere Spielchen und Unsinn trieben, wurde diese durch den enormen Druck von Schockwellen einer gewaltigen Supernova in kosmischer Nähe komprimiert.

Die Verdichtung verstärkte den universellen Gesetzen entsprechend die innere Gravitation und beschleunigte dadurch wiederum den Vorgang der Konzentration sukzessiv, sodass sich die Materiewolke immer mehr zusammenzog und das innere Extrem aufheizte. Schließlich entwickelte sich durch die weiter zunehmende Gravitation im Zentrum ein gigantisches, gefräßiges und alles beherrschende Schwarzes Loch. Jetzt gab es kein Entrinnen mehr, und wir waren endgültig im entstehenden interstellaren System gefangen.

In einem sehr langen Zeitraum bildeten sich, beeinflusst von der Gravitation des gewaltigen Schwarzen Loches, im Inneren und durch lokale Verdichtungen an vielen Milliarden Stellen kleinere und größere Klumpen aus Gas und Staub in der riesigen Materiewolke, die zu rotieren begann und dadurch abflachte. Diese Materieklumpen saugten mit ihrer zunehmenden Gravitation immer mehr Gas und Staub aus ihrer Umgebung an und vergrößerten sich dadurch sukzessiv. Letztendlich entwickelten sie sich zu Sonnen und Planeten.

Unsere Galaxy, die Milchstraße, war entstanden.

Schlussendlich wurden wir Teil des Planeten Erde, der wie noch weitere kleinere und auch größere Planeten seine Bahn in elliptischer Form um unsere mittelgroße Sonne zog.

Unser Sonnensystem mit unserem Planeten Erde war entstanden.

Schon bald nach der Entstehung der Erde kollidierte sie mit dem etwa marsgroßen Planeten Theia, der mit kosmischer Geschwindigkeit auf die junge Erde krachte und einen erheblichen Teil herausschlug. Die durch die enorme Einschlagenergie glühend heißen Gesteinsbrocken, Fragmente und Partikel umkreisten die junge Erde, durch Gravitation bedingt, in geringer Entfernung, sodass sich ein Feuerring um die Erde bildete.

Dieser „ring of fire" war ein fantastisches Schauspiel, besonders in der Nacht, die aufgrund der damals noch schnelleren Erdrotation jedoch nur sehr kurz war. Der Feuerring kühlte allmählich ab und durch Zusammenstöße bildeten sich allmählich immer größere Klumpen, die dann letztendlich durch viele Kollisionen zu unserem Mond zusammenschmolzen.

Die Erde selbst blieb aber noch mehrere hundert Millionen Jahre glühend heiß, bedingt durch den hohen inneren Druck der Gravitation sowie der Energie aus andauernden Einschlägen von Meteoriten, Kometen und Asteroiden aus dem Solarsystem.

Es war, man kann es nicht deutlicher beschreiben, die Hölle auf Erden, und wir waren mittendrin.

Mit der Zeit ließen die Einschläge aus dem Sonnensystem nach, woraufhin die Temperatur der Erdoberfläche allmählich sank und sich eine Uratmosphäre aus Wasserstoff, Methan, Ammoniak, Kohlenmonoxid und Kohlendioxid bildete, die dann bei weiter abkühlender Erdoberfläche viele tausend Jahre lang in heftigen Gewittern abregnete, wiederkehrend verdampfte und abregnete. Allmählich entstand hier, auf dem Planeten Erde, eine wasserähnliche Ursuppe, die sich über Bäche und Flüsse in Meeren ansammelte.

Weil der junge Mond nach seiner Entstehung die Erde zuerst noch in geringer Entfernung umkreiste, betrug der Gezeitenwechsel an den Meeresküsten mehrere hundert Meter, wodurch die Urmeere die Landmassen an den Küsten als tosendes Inferno mit entsprechend turbulent hochschäumender Gischt weit überschwemmten.

Welch ein fantastisches, grandioses Spektakel bot sich dadurch, besonders wenn der damals noch imposante, übergroße Vollmond nahe am nächtlichen Firmament leuchtete, was jedoch wegen der häufigen und heftigen Gewitter nur selten der Fall war.

Als Effekt dieser gewaltigen Gezeitenkräfte mit ihrer bremsenden Wirkung an den Küsten wurde die Erdrotation allmählich gemindert und der Mond driftete, als Teil des physikalischen Systems Erde Trabant, kaum merklich jedoch sukzessiv von der Erde ab.

Wie auf einzelnen unermesslich weit entfernten Planeten schon gesehen, gingen auch hier, in der Ursuppe des Planeten Erde, viele verschiedene Moleküle eine höchst seltene Verbindung ein. Durch Einwirkung von energiereichen Blitzen aus der Uratmosphäre entwickelte sich aus diesen Molekülverbindungen in der, nach heutigem Verständnis, hochgiftigen Ursuppe das Leben.

Die Geschichte der Entstehung des Lebens auf der Erde ist so diffizil, vermeintlich unwahrscheinlich und deshalb so unglaublich, dass ich mich nicht erdreiste, sie aufzuschreiben, aber doch wahr, denn ich denke, also bin ich, jedoch weiß ich, dass ich nichts weiß.

Kapitel 3

„Götter“ und Dämmerung

Die unglaublichen wunderlichen Erlebnisse eines Wachkomapatienten

Die Operation

So erlebt von Robert Schmiemann und zur Niederschrift gebracht, um denen zu danken, die mich an den Gestaden des Jordan zurückgehalten haben, aber auch als Zuspruch für die „Götter in Weiß“, alle Heilkundigen und Pflegenden.

Bei schwerer Krankheit des Körpers kann der menschliche Geist offenbar das Bewusstsein auf eine Bedeutungsebene spiegeln, auf der das Sein wieder erträglich oder sogar anregend erlebnisreich erscheint, wie ich es erfahren habe.

Alles ereignete sich zu der Zeit, als ich aufgrund meiner körperlich erbärmlichen Verfassung im „Dämmerzustand“ auf der Intensivstation im Klinikum Dortmund lag; notwendigerweise vollgedröhnt mit Medikamenten und nicht mehr Herr meines Körpers und meiner Sinne.

Deliriös darüber sinnierend, wer ich war, kam ich konsterniert zu der Erkenntnis, dass ich offensichtlich nur noch der Schatten meiner selbst war.

Dieser, mein Schatten, kohärierend mit meinem Unterbewusstsein und meiner Seele, berichtete mir von seiner Reise durch den Blutkreislauf meines Körpers bis in meine Vergangenheit, die er heimlich unternehmen konnte, weil er ja immateriell und deshalb unabhängig von Zeit und Raum sei.

Diesen Fluss meines Lebens habe er durchschwommen, von Venetien durch Vorhöfe und Kammern nach Aortatien und zurück. Viele Alltagssünden sowie eine Erbsünde hätten sich an den Ufern, insbesondere im Bereich des Herzens, abgelagert.

An der Aortenklappe, die er scherzhaft „porta aorta“ nannte, gebe es allzu viele schmutzige Ablagerungen, und sie würde deshalb nicht mehr rhythmisch funktionieren. Diese „porta nigra“ müsse dringend ersetzt werden!

Im Gegensatz zu dem Arzt, der nach einer Untersuchung scherzhaft vorschlug, eine Aortenklappe vom Eichhörnchen einzusetzen, weil das in meinem Fall schon eine Verbesserung des bestehenden Zustandes sei, bevorzugte ich selbst eigentlich eine Herzklappe vom Bentheimer Landschwein, weil es einen so stolzen Gang hat und eher aristokratisch grunzt. Wegen meiner Befürchtung einer möglichen genetischen Vermischung mit meinem Erbgut. Man sollte mich nach der Implantation schließlich noch verstehen und am Gang erkennen können.

In Anbetracht dessen favorisierten die „Götter in Weiß“ für mich jedoch die Herzklappe des wilden Stieres aus Pamplona, Hispania.

Iberische „Halbgötter der Arena“ erlegten den Kampfstier mit grandeza, zerlegten ihn pathetisch zeremoniell, entnahmen die verlangte Aortenklappe und übergaben sie dem „Götterboten Hermes“, der sie sorgsam in einer Monstranz zunächst nach Santiago de Compostela trug, wo Don Padre meiner zukünftigen neuen Herzklappe seinen Segen spendete.

Das hielt der Götterbote angesichts des von meinem Schatten entdeckten Sündenpfuhls in meinen Adern für unerlässlich. Hiernach trug er mein gesegnetes „Ersatzteil“ über den weiten Jakobsweg bis hin zum Operationssaal im Klinikum Dortmund.

Dort öffneten die „Götter in Weiß“ chirurgisch kunstvoll meinen Körper, entnahmen meine „schmutzige“ Aortenklappe und warfen sie, zur Besänftigung des schon gierig nach mir heischenden Totengottes Hades, in den Fluss, Styx, (in Dortmund Emscher genannt) der in die Unterwelt mündet, und somit der Herrscher des Totenreiches schon seinen Anteil von mir habe und hierauf hoffentlich von mir abließe.

Mit göttlicher Befähigung implantierten mir die „Götter in Weiß" alsdann die Aortenklappe des wilden Stieres.

Ärzte mögen keine Götter sein, aber ihre bewunderungswürdigen Fähigkeiten im Allgemeinen, in der Analyse, Chirurgie und Nachsorge sind gewissermaßen überirdisch, und ebenso exorbitant ist auch ihre Disziplin.

Nun lag ich im Labyrinth der Orientierungslosigkeit und mein Schatten bedeutete mir, ich sei jetzt halb Mensch, halb Stier, hieße Minotauros und müsse zum Kampf um Leben oder Tod warten auf Theseus, den Geliebten der Ariadne. Sie sei die Tochter des kretischen Königs Minos, gleichwohl arbeitete sie als Pflegerin auf der Intensivstation, … so schien mir. Diesen finalen Kampf müsse ich aber unbedingt gewinnen, um wieder zu gesunden.

Manchmal konnte ich Theseus aus der Ferne hören, wie er nach mir rief: „Minotauros! … Minotauros!" Seine schaurige Stimme schallte bedrohlich durch die Gänge, aber im Labyrinth war, den „Göttern" sei Dank, die Raumzeit, oder mutmaßlich wohl doch nur meine Traumzeit, so gekrümmt, dass es für ihn schwierig war, mich zu finden.

Aus Angst wie erstarrt in der Befürchtung, den Kampf zu verlieren, musste ich still und einsam schier endlos lange orientierungslos ausharren, bis ich glaubte, mein Widersacher würde mich nicht mehr finden.

Einige Tage nach meiner Herzoperation hatte ich die Utopie, den finalen Kampf gegen Theseus doch angenommen und gewonnen zu haben, als dann doch wieder eine dramatische Verschlechterung eintrat und ich wieder in einen beklemmenden Dämmerzustand verfiel.

Inzwischen hatten nämlich Heerscharen von Bakterien, oder vielleicht auch Bataillone von Viren, ein heftiges fiebriges Feuer in meiner Lunge entfacht und verteidigten es hartnäckig gegen alle Heilmittel der „Götter". Deshalb wurde ich endlich aus dem Labyrinth der Orientierungslosigkeit befreit, aber dann, zu meinem Entsetzen, an das Ufer des Jordan verlegt. Dort lag ich nun, ängstlich und unsicher, ob ich jetzt „über den Jordan gehen" sollte oder nicht.

Das andere Ufer war nicht klar zu erkennen, weil von dort Nebel aufstieg. Wohl sah ich sporadisch das berühmte grelle himmlische Licht durch den Nebel, es konnte aber auch der Widerschein des Höllenfeuers sein.

Weshalb lag ich eigentlich hier am Jordan? Wieso nicht an der Ruhr, am Rhein oder am Rubikon, den ich bedenkenlos überschritten hätte … aber über den Jordan gehen …? Hier und jetzt ...? Ich spürte, wie Arzthände, oder waren es Pflegerhände, mich zurückhielten ... nicht schon jetzt ...! Später vielleicht ...!

Aber nur vielleicht!

Angesichts meiner Entscheidungsunfähigkeit durfte ich, den Göttern sei Dank, wieder zurück zum Klinikum. Aus mir unbekanntem Grund musste ich aber vorher noch, nur dürftig bekleidet und deshalb frierend, eine ganze Nacht auf einem kleinen Felsvorsprung in einer sehr engen, dunklen Schlucht vor dem „Olymp der Götter in Weiß" verharren. Dort hilflos wartend, bedrückte mich allmählich eine diffuse verzagte Unrast, und ich trat deshalb unentwegt mit den Füßen heftig gegen die Felswand des Olymp vor mir, damit man mir Einlass gewähre.

Erst am Morgen öffnete sich der Olymp einen Spaltbreit, und einer der Götter sah mich kopfschüttelnd an und befand, dass ich wegen meines schrecklich elenden Zustandes eigentlich doch wieder an den Jordan zurückmüsse. Enttäuscht, frierend und verbittert, drohte ich vehement mit einer Klage vor dem „Jüngsten Gericht“, worauf er mir erklärte, dass man Götter dort gar nicht verklagen könnte.

Weil ich aber inständig und beharrlich weiter auf Einlass insistierte, bekam ich letztendlich doch auf der Intensivstation oben im „Olympus Klinikum der Götter in Weiß“ ein Zimmer, wo ich dann auch tatsächlich sehr engagiert und liebevoll versorgt wurde.

Dort fühlte ich mich schon bald etwas besser, verspürte aber eine beginnende lethargische Apathie. Um dem entgegenzuwirken, baute ich mir im Krankenhaus prophylaktisch ein Flugzeug, auch um bei Androhung einer Rückverlegung an den Jordan schnell flüchten zu können.

Meinen Flieger musste ich allerdings weiter unten talwärts im Schatten des „Olymp der Götter in Weiß“ parken, weil mein Zimmer zu klein war, um als Hangar zu dienen, obwohl es mir im Vergleich zur dunklen engen Felsschlucht vor dem Olymp hell und riesig erschien. Vom Bett aus konnte ich jetzt stolz auf mein selbst gebautes Flugzeug hinabschauen, und das vermittelte mir ein Gefühl der Sicherheit.

Später benutzte ich es oft, um die „Intensivstation Pferdehof“ schnell anzufliegen. Dorthin war es nämlich nur ein kurzer Flug, wenn es mir im Klinikum nicht gelang, vor dem scheinbaren Ersticken eine Pflegerin oder einen Pfleger zum Lungeabsaugen anzulocken. Mein Flieger manövrierte ausgezeichnet, nur an den Füßen war es etwas zugig, weil ich im Krankenhaus einfach nicht genug Leisten finden konnte, um den Flugzeugrumpf auch von unten dicht zu verbrettern.

Hinter meinem Bett stand ein riesiger Computer mit einem Gewirr von Schläuchen und Kabeln, deren Enden mit kleinen Plastiksternchen in venöse Zugänge auf meiner Brust, Arme und sonst wohin führten.

Meine liebe Pflegerin Olga versicherte mir übrigens in ihrem bezaubernden osteuropäischen Akzent später, als ich mal wieder einen lichten Moment hatte, ich sähe mit den vielen Plastiksternchen an den Zugängen auf der Brust ganz toll aus, beinahe wie früher die Generäle neben Breschnew an der Balustrade des Kreml bei der Militärparade auf dem Roten Platz.

Bunte Lämpchen und allerlei Arten von Diagrammen leuchteten auf dem großen Display des Computers, vor dem Ärzte manchmal kopfschüttelnd standen, und ich oder mein Schatten glaubte, Satzfetzen zu vernehmen wie: „... übersteht er nicht ... übersteht er … nein ….vielleicht doch, wenn …“

Teile eines weiteren Gespräches zwischen Ärzten, einschließlich Zeus selbst, wie mir schien, an meinem Bett konnte ich wie ein abstruses Echo aus weiter Ferne wahrnehmen, in dem die Rede war von: „… einer schweren Pneumonie … Herz-Lungen-Maschine … Herrn Schmiemann zugefügt …“

Ich verstand den Sinn der aufgeschnappten Satzfragmente nicht, aber wie man mir später erklärte, handelte es sich um eine schwere Lungenentzündung bedingt durch MRSA (sogenannter Krankenhauskeim), wahrscheinlich verursacht durch den Einsatz der Herz-Lungen-Maschine während der Herzoperation.

Dann hörte ich erneut sehr verschwommen Stimmen an meinem Bett. Mein Schatten berichtete mir, der im Gegensatz zu mir ja sprechen konnte, folgende Satzfetzen aus der Diskussion gehört zu haben: „Was machen wir … was machen wir denn jetzt … Luftröhrenschnitt … Schiene? ... oder was ... aber muss die Schiene … kalt oder heiß sein? … wer weiß das schon …?“

Während ich noch überlegte, ob mein Schatten, der ja nun wirklich nicht immer der cleverste war, diesen Unsinn wohl richtig verstanden hatte, hörte ich jetzt deutlicher, dass mein unglaublich hilfsbereiter Chefkrankenpfleger sich mit sonorer Stimme in die Diskussion einschaltete: „Ganz einfach ... ich rufe die Frau Dr. X (den Namen habe ich inzwischen vergessen) in Burundi an … die hat doch letztes Jahr den Nobelpreis in dieser Sache bekommen … die weiß das ... sie soll mit dem nächsten Flug kommen“.

Tatsächlich sah ich die weltbekannte Ärztin schon sehr bald, als sie lächelnd in Begleitung meines lieben Chefpflegers an mein Bett trat. Sie war dunkelhäutig, wunderschön und trug ein langes schwarzes Kleid mit goldenen Stickereien, die mir mein Chefpfleger als pures echtes Gold kundtat. Die berühmte Frau Dr. med. aus Burundi erwies sich tatsächlich als eine Koryphäe, indem sie in das Loch in meinem Hals schaute und weise lächelnd, mir mit einem Auge zuzwinkernd, den entscheidenden Satz für alle Umstehenden verkündete: „The guide rail must be neither hot nor cold but lukewarm, as you should know, because of the communicating tubes.“

Mein engagierter Chefpfleger zeigte sich von dieser äußerst fragwürdigen Feststellung jedoch tief beeindruckt. Als Initiator der grandiosen Idee, die Nobelpreisträgerin in Burundi anzurufen, war er sichtlich stolz. Deshalb eilte er alsbald zu „Wieland“, um eine solche Vorrichtung für mich anfertigen zu lassen. „Wieland, der Schmied“ betrieb nämlich im Untergeschoss des Klinikums eine kleine Schmiedewerkstatt, wo er die Werkzeuge für die „Götter der Chirurgie“

anfertigte und bei Bedarf fachmännisch dengelte, aber auch Sargbeschläge schmiedete.

Dann bekam ich endlich diese ominöse … Wieland-Schiene ...? Wahrscheinlich eine Art Einführtrichter für den Lungensaugschlauch, der immer kurz vor dem vermeintlichen Ersticken durch plastikumhüllte Aliens, wie ich anfangs dachte, leider sehr schmerzhaft, jedoch in der Wirkung erlösend und befreiend, zum Einsatz kam. Ertasten des Teiles war mir nicht möglich, weil meine Arme mir nicht mehr gehorchten, und deshalb fand ich auch nie heraus, um welches Utensil es sich eigentlich handelte, aber es ermöglichte mir, zu sprechen, wenn auch nur sporadisch.

Die weltberühmte Ärztin aus Burundi flog schon bald, nachdem sie durch ihre Weisheit mein Leben gerettet hatte, wieder in ihre Heimat zurück.

Gerne hätte ich sie auch selbst mit meinem Flugzeug zurückgeflogen. Es wäre mir eine Ehre gewesen, aber ein so langer Flug nach Burundi ohne Pfleger und ohne Pilotenschein schien mir dann doch zu riskant.

Meine Besucher, nur aus dem engsten Familienkreis, litten offensichtlich mehr als ich unter meinem Zustand. Zwei Situationen sind mir dazu in Erinnerung geblieben: Als ich mal wieder aus meinem „Dämmerzustand“ aufwachte, beugte meine liebe Frau sich über mich und fragte, ob ich sie wohl erkenne. Ihr von der Julisonne braun gebranntes Gesicht über mir, antwortete ich: „Natürlich, du bist doch das braune Pferd Meta.“

Fortan war sie überzeugt, mein Gehirn habe, bedingt durch meine schwere Krankheit, auch sehr gelitten. Sie hat ja recht.

Mein Enkel Joshua zeigte auf meine rot angeschwollenen Beine und murmelte etwas wie: „Das wird nichts mehr … niemals … nein, das wird nichts!“

Als ich ihm daraufhin erklärte, dass der Fahrtwind in meinem selbst gebauten Flugzeug, mit dem ich ja gleich wieder eine Runde fliegen wollte, mir dann Kühlung an den Beinen bringen würde, weil mein Flieger ja an der Unterseite teilweise offen sei, war er sichtlich erschüttert und erst recht besorgt um mich.

Krankenpflegerinnen und Krankenpfleger mögen keine Engel sein, erschienen mir aber engelsgleich. Ihr Wissen sowie ihre Hilfsbereitschaft war fantastisch und ihre Leistungen übermenschlich.

Trotz meines trostlosen „Dämmerzustandes“ bemerkte ich einmal vage, wie zwei meiner lieben Pflegerinnen mir gemeinsam eine gute Nacht wünschten, obwohl sie wahrscheinlich annahmen, dass ich unfähig sei, sie überhaupt wahrzunehmen. Dabei bemerkten sie vermutlich Tränen in meinen Augen, denn ich vernahm nebulös, wie eine der anderen zuflüsterte: „So, jetzt weint er, der Arme, und wir können ihm doch nicht helfen!“

Aufgrund meiner totalen Hilflosigkeit war es mir damals nicht möglich, ihnen mitzuteilen, dass es nicht Tränen des Leidens, sondern Tränen meiner emotionalen, tiefen Dankbarkeit waren.

Meine fürsorglichen Pflegerinnen erschienen mir manchmal auch feenhaft, wenn sie anscheinend flügellos schwebend flink und geräuschlos durch den Raum huschten. Ich war mir dann sicher, dass ihre Füße den Boden gar nicht berührten. Eine der Pflegerinnen, mit einem sehr braunen Teint und ebensolchen Haaren, meinte gelegentlich, sowohl verblüffend als auch rätselhaft für mich und deshalb noch in meiner Erinnerung: „Mein Vater sagt immer, ein bisschen braun kann nicht schaden.“ Dann entschwand sie und ließ mich grübelnd zurück. Farbe oder Gesinnung?

Mein zweifellos sehr befähigter und auch sympathischer Nachtpfleger hingegen war ein junger Bursche mit bunt gefärbtem Irokesen-Haarschnitt. Er haschte, kokste und nahm drugs, davon war ich überzeugt, weil ich manchmal beobachten konnte, wie er nachts klammheimlich mit verstohlenem Blick einfach durch ein Fenster nach draußen verschwand, obwohl das Obergeschoss, auf dem ich stationiert war, gar keinen Balkon vor den Fenstern hatte. Oft blieb er dann längere Zeit einfach verschwunden.

Einmal kam noch jemand, gekleidet wie ein Gärtner mit einer grünen Kappe, von draußen mit ihm durch das Fenster in mein Zimmer zurück, zeigte auf mich und schrie: „Auf den da musst du aufpassen …? Der ist ja soo lästig ...! Den hätte ich schon längst erschlagen!“

Mein Irokesenhaarschnitt-Pfleger sprach später von einer frechen Lüge. Niemand wäre in der Nacht mit ihm durchs Fenster reingekommen und schon gar nicht mit einer grünen Kappe. Ich weiß nicht ... ich weiß nicht!

Die noch sehr junge Pflegerin Ariadne war für mich irgendwie geheimnisumwoben. Sie war wohl doch nicht die Tochter des Königs Minos, wie ich anfangs aufgrund von Andeutungen meines Schattens im Labyrinth der Orientierungslosigkeit angenommen hatte.

(Bisweilen erzählte mein Schatten mir nämlich auch Lügengeschichten. Wahrscheinlich mit der ehrenwerten Absicht, mich mit den fiktiven Geschichten aufmunternd zu unterhalten).

In Wirklichkeit war sie nämlich, wie ich von ihr selbst noch erfahren sollte, die Tochter des vermögenden Tabaktycoons, Reemtsma, aus Hamburg, den ich schlechterdings indirekt für mitschuldig an meiner misère hielt.

Eines Abends traten Ariadne und mein Irokesen-Pfleger an mein Krankenbett und verlangten von mir, unverzüglich mit meinem Flugzeug nach Hamburg geflogen zu werden. Die beiden hatten sich zu Schichtwechsel, beim gemeinschaftlichen Absaugen meiner fiebrig entzündeten und vereiterten Lunge, ineinander verliebt und wollten unbedingt am nächsten Tag in Hamburg heiraten. Wie Ariadne mir erklärte, bewohnte ihr Vater dort ein weitläufiges Anwesen, auf dem ihre glanzvolle Hochzeitsfeier stattfinden sollte.

Da ich wegen des Luftröhrenschnitts nicht sprechen konnte, geschweige denn widersprechen, trugen meine beiden verliebten Pflegekräfte mich kurz entschlossen in meinen Flieger. Obwohl es zu dritt im Cockpit sehr eng war, hatten wir bei hellem Mondschein einen guten Flug nach Hamburg.

Die Hochzeit auf dem großflächigen Anwesen war tatsächlich pompös, mit einer langen Kutschenkolonne zur Kirche. Fast alle Gäste machten einen arroganten, blasierten Eindruck auf mich und beachteten mich kaum. Da ich nicht eingeladen, aber hilflos war und zum gelegentlichen Absaugen meiner Lunge, legte mein Pfleger-Brautpaar mich auf die Ladefläche ihrer unglaublich monströsen Kutsche, stopfte mir Stroh in die Hose, wegen Pferdearsch, und legte mir glänzend poliertes Geschirr und Halfter an. Vermutlich sollte ich, bei oberflächlichem Hinsehen der Gäste, wie ein krankes Pferd auf der Ladefläche aussehen.

Von der Feier in der Kirche konnte ich natürlich nichts mitbekommen, nur das Glockengeläut. Alles wäre auch gut gewesen, wenn es nicht plötzlich heftig geregnet hätte. Das Stroh in meiner Hose wurde nass, schrumpfte und sah gar nicht mehr wie Pferdearsch aus.

Die hochnäsige Braut, Ariadne, meine sonst so liebe Pflegerin, schimpfte fürchterlich mit mir, weil auch noch mein Halfter und Geschirr nass geworden waren. Obwohl ich schuldlos, hilflos und ja auch sprachlos war, sagte der feige Bräutigam, mein Irokesen-Lieblingspfleger, nichts zu meiner Verteidigung. Tief gekränkt degradierte ich beide daraufhin brutal, indem ich sie nicht mehr als meine lieben Krankenpfleger wahrnahm, sondern sie eine Zeit lang nur noch als meine eingebildeten Krankenwärter betrachtete.

Der Onkel meines Irokesenschnitt-Pflegers war der Diplom-Oberpfleger. In der Klinik-Hierarchie galt er somit schon als „Halbgott", aber auch weil er, fürsorglich für sein Team zur Entschleunigung vom Klinikstress, privat zu Hause einen kleinen Pferdehof unterhielt. Fast alle aus dem Team besuchten den Hof des Diplom-Oberpflegers gelegentlich, um sich ein wenig von ihrem strapaziösen Dienst auf der Intensivstation zu erholen.

Auch ich flog gerne mit meinem Flugzeug dorthin. Die Versorgung auf der Intensivstation im Klinikum war perfekt, aber hier war einfach mehr los, und das war sehr wichtig für mich. Einige Pfleger/innen sowie manchmal ein/e Arzt/Ärztin waren ja ganz sicher auf dem Hof, denn wenn ich sie im Krankenhaus nicht sah, konnten sie ja eigentlich nur dort sein.

Einmal musste ich jedoch, wegen Pflegermangel im Krankenhaus, auf dem Hof übernachten. Fatalerweise gab es aber nur noch ganz oben auf dem arg verwinkelten Spitzboden eine schmale Liege für mich.

In jener Nacht schlief ich sehr unruhig und meine Versorgungsschläuche rissen dadurch wieder mal ab. Zum Leidwesen meiner Pfleger/innen passierte mir das bisweilen. Es verursachte wieder große Aufregung und auch Gezeter, obwohl ich eigentlich schuldlos war, denn der Spitzboden, auf dem sie mich stationiert hatten, war keinen Meter hoch und sargähnlich eng. Da schläft man entweder unruhig oder man ruht sanft für immer.

Deshalb habe ich mir dann auf dem Hof auch selbst ein Krankenbett gezimmert. Auf dem Hofgelände lagen ja genug Hölzer und alte Bretter herum, wenn auch teilweise schon etwas morsch. Säge, Hammer und Nägel, zur Herstellung meines Krankenbettes, besorgte mir mein Irokesen-Nachtpfleger, der damit sein eigenes Interesse verfolgte. Wenn er nämlich manchmal einfach nicht zur Nachtschicht im Krankenhaus erschien, bin ich eben zum Lungeabsaugen flugs dorthin geflogen.

Auf der „Intensivstation Pferdehof" fand ich es sowieso eigentlich immer kurzweiliger als im Krankenhaus, wenngleich ich auch noch unangenehme Erinnerungen daran habe.

Weil mein Irokesen-Pfleger für mich der beste Lungeabsauger von allen war, da nur er meine Lunge fast schmerzfrei absaugen konnte, hatte ich ihn immer gerne in meiner Nähe. Aus diesem Grund vermutete sein Onkel, der Halbgott-Diplom-Oberpfleger, dass ich seinem missratenen Irokesen-Neffen zur Bestechung im Krankenhaus geklaute Drogen vermittelte. Wenn er mich dabei erwische, ließe er mir von seinem Pferdeknecht mit der Hufzange einige Zähne rausbrechen, drohte er boshaft. Daraufhin hatte ich oft, wenn auch völlig unbegründet, ein schlechtes Gewissen und damit verbunden ein Gefühl der Unsicherheit ihm gegenüber.

Ein desaströses Erlebnis war auch, dass ich beim Landeversuch mit meinem Flugzeug in den Giebel der Scheune krachte, als ich einmal wieder zwecks Lunge absaugen bei schauderhaft böigem Wetter zur „Intensivstation Pferdehof" fliegen musste. Stundenlang hing ich in meinem abgerissenen Pilotensitz bei Sauwetter oben am Giebel, und ich schwer kranker Intensivpatient konnte mich aus dem Gewirr meiner abgerissenen Versorgungsschläuche nicht befreien. Es wurde schon fast dunkel, als der Diplom-Oberpfleger endlich nach Hause kam, mich mit einem Lasso vom Scheunengiebel runterholte und mich dann eiskalt aufforderte, mein Flugzeug umgehend zu reparieren und danach einen Flügel des Fliegers mindestens 50 cm tief einzugraben, damit es durch den aufkommenden heftigen Sturm in der Nacht nicht fortgeblasen würde.

Für mich gäbe es sonst keine andere Möglichkeit, für den Ernstfall zum Krankenhaus zurückzufliegen, weil „Pegasos", das einzige geflügelte Pferd auf dem Hof, nur von den Göttern geritten werden dürfe, nicht aber von einem gewöhnlich Sterblichen, und ich sei ja nun mal besonders sterblich.

Meine Einwände, dass es ja schließlich mein Flugzeug sei, 30 cm tief eingraben reichten ja wohl auch und überhaupt könne ich als inzwischen halb toter Intensivpatient im Dunkeln mit zerrissenen Versorgungsschläuchen keinen Flugzeugflügel eingraben, überzeugten ihn nicht. Ihn verfluchend machte ich mich also widerwillig an die Arbeit, wobei meine inzwischen notdürftig reparierten lebensnotwendigen Versorgungsschläuche doch sehr hinderlich waren.

Als danach auch noch mein selbst gebautes Krankenbett, wegen der verwendeten morschen Bretter, unter mir zusammenbrach, stationierten sie mich auf dem Heuboden über dem Pferdestall. Mein Nachtschicht-Irokesen-Pfleger kam aber nicht zum Lungeabsaugen zu mir auf den Heuboden. In meiner Not röchelte ich so lange fürchterlich laut, bis meine Tagpflegerin, die schon Feierabend hatte, aber noch in unmittelbarer Umgebung verweilte, endlich die Leiter anlegte und mir durch die Heuluke in harschem Ton mitteilte, es sei schon spät am Abend und sie sei somit nicht mehr zuständig, sondern die Nachtschicht.

Bald darauf bin ich dann erstickt, … glaube ich.

Epilog

Für mich war es fördernd, im wochenlangen „Dämmerzustand“ ein bisschen vom Leben und Gesprächen in meiner Umgebung wahrzunehmen, um einer lethargischen Trostlosigkeit zu entgehen.

Meine „realitätsfernen Erlebnisse“ waren offenbar keine gewöhnlichen Träume, sondern die Umwandlung des peripheren Geschehens und wahrgenommener Gesprächsfetzen in ambiguouse Abenteuer und hatten bei genauer Betrachtung einen gewissen Bezug zur Wirklichkeit, wenn auch nur in einer abstrahierenden Weise.

Vielleicht animieren flüchtig wahrgenommene Informationen das Gehirn in einer lebensbedrohenden Notsituation, auf einer anderen Bedeutungsebene sinnbildlich ein anregendes, ermunterndes Theaterstück aufzuführen, um den Überlebenswillen zu stärken und damit Selbstheilungskräfte zu stimulieren.

Zur körperlichen Gesundung scheint ein beschäftigter Geist hilfreich zu sein. Vielleicht galt das aber auch nur für mich, weil mir eigentlich nur die Tristheit des langen isolierten frustrierenden Wartens auf den finalen Kampf im Labyrinth der Orientierungslosigkeit schrecklich bedrückend erschien.